논어,
주역과 함께 읽다

김영호 역주

신아사

이 연구는 2017년 영산대학교 교내연구비의 지원을 받아 수행되었음

서문

수년 전 필자는 『논어』-공자와의 대화-를 출간하였다. 이 책은 한중일 역대의 주석을 다산 정약용 선생의 『논어고금주』를 중심으로 검토하여 취사선택하였으며 번역문에 있어서도 공을 들였고 공자의 일생과 스승과 제자 시리즈도 정성을 기울인 것이었다. 따라서 그야말로 지금까지의 심혈이 응축된 역작이라고 말할 수 있다. 다만 아쉽게도 해설은 하지 않았는데 이는 스스로 부족함을 느껴서였다. 미숙한 견해로 성현의 참뜻과 정신을 오독할까 두려웠기 때문이었다. 그러다 본서를 쓰게 되었다. 원래는 『논어』에서 평소 필자가 좋아하는 문장 중 학문 수양 등에 초점을 맞추어 선별하여 편찬하고자 하였다. 그런데 이 같은 계획을 들은 지인이 『논어』의 문장을 『주역』과 연관시켜 보는 것은 어떤가라는 제안을 하였다. 이에 고심에 고심을 거듭하여 나온 졸작이 본서이다.

『논어』의 문장을 『주역』의 64괘와 대비시키는 것은 지극히 어려운 난제임에 틀림없다. 왜냐하면 공자가 애초에 제자들과 대화한 것이나 당시 사람들과 대화할 때 『주역』의 괘를 염두에 두고 말하지는 않았을 것이기 때문이다. 이에 글자가 같은 것을 찾기도 했지만 뜻이 통하는 괘를 찾기에 힘썼다. 이는 어디까지나 필자 나름의 생각으로 연관지은 것이다.

여기서 해설에 대해 말씀드리고자 한다. 원래는 필자의 '공자와의 대화' 자료의 문답 서술형식을 바꾸어 자문자답의 형식을 취하고 일부 문장을 변형하고자 하였으나, 공자의 답변을 그대로 살리는 것이 도리인 것 같아 문맥상 부득이 필요한 곳을 수정한 것을 제외하곤 그대로 실었다. 따라서 해설의 경우 '공자와의 대화'에서 이록하였음을 밝힌다. 경전해석의 방법에 경서로써 경서를 증명하는 '이경증경以經證經'이란 말이 있거니와 그야말로 공자로써 공자를 증명하는 '이공증공以孔證孔'이 된 셈이다. 그리고 해설이 없는 장은 원래 대화 자료가 없는 것으로 보충할까도 생각했으나 그대로 두었다. 부족한 견해를 제시하는 것은 후학의 도리가 아니라고 생각하여서이다. 이후 학문이 더욱 성숙하여 분류의 정확은 물론 해설까지도 할 수 있을 때를 소망한다.

일찍이 『주역』과 『정역』을 학산鶴山 이정호李正浩선생께 사사師事 수업하였다. 하지만 주마간산이었다. 이후 꾸준히 『주역』에 관심을 가지고 연찬하였으나 막막하긴 읽기 전이나 지금이나 마찬가지이다. 해설 말미에 『논어』와 『주역』괘를 연계시켜 비교하여 보았다. 『주역』괘의 경우는 간단한 의미와 괘사와 대상전을 제시하는 것으로 그쳤다. 『주역』에 대한 이해가 빈약하여 어줍잖은 해설로 『주역』 본래의 뜻을 망치기

보다는 원본을 제시하여 본래의 맛을 느끼는 것이 바람직하다고 생각하였기 때문이다. 이 점 독자의 양해를 바란다.

'참고'부분은 관련이 있다고 생각되는『논어』의 장을 제시한 것이다.

미흡한 점이 많은 바 이후 수정 보완을 기약하며 독자 제현의 질정을 바란다. 이 책이 나오기까지 도움을 주신 모든 분들께 깊이 감사드린다.

2017년 추분절

후학 金暎鎬 삼가 씀

목차

일러두기

1. 원문 저본은 청 가경 21년에 간행한 완원 교각본 십삼경주소 중 『논어주소』를 사용 하였으며 『논어정문』(『사서정문』본, 1775, 운향각 활인본)을 참고하였다.
2. 번역은 직역을 위주로 하였으며 『논어율곡언해』를 대본으로 하되 『관본논어언해』를 참고하였다. 일부 직역만으로 뜻 파악이 어려운 경우 ( ) 속에 뜻을 보충하거나 의역하였다.
3. 주석은 『논어집해』(하안), 『논어집주』(주자), 『논어고금주』(다산)를 기본으로 하고 『논어의소』(황간), 『논어주소』(형병), 『논어정의』(유보남), 『논어사변록』(박세당) 등을 보조적으로 참고하였다. 각주에서는 주석자의 인명을 제시했다.
4. 책명은 『 』로, 편명은 「 」로, 대화는 " "로, 강조할 때는 ' '로 표시하였다.
5. 원문에서 11-21은 11편(선진) 21장을 표시한 것이다.

1부
공자와 제자

1. 공자의 일생

출생

1세(B.C.551년. 이하 년도는 B.C임. 주영왕周靈王 21년. 노魯나라 양공襄公 22년. 경술년): 노나라 곡부의 교외인 창평향昌平鄕 추읍郰邑에서 숙량흘叔梁紇을 부친으로 안징재顔徵在를 모친으로 하여 태어났다. 부친인 숙량흘이 나이가 많아 모친인 안징재는 니구산尼丘山에 기도하여 공자를 낳았다고 한다. 그 선대는 송宋나라 사람이다. 이름은 구丘요, 자는 중니仲尼이다.

청소년기

3세(549년): 부친 숙량흘이 세상을 떠나 편모슬하에서 자랐다. 어려서 놀 때에도 항상 제기祭器를 차려놓고 예를 행하는 흉내를 내었다.
19세(533년): 송나라의 견관씨幵官氏의 딸을 아내로 맞이했다.
20세(532년): 아들 리鯉(자字는 백어伯魚)가 출생했다.
24세(536년): 모친 안씨顔氏가 세상을 떠났다.(17세로 추정하기도 함) 장성하여 위리委吏(곡물창고 관리자)가 되어서는 회계가 공평하고, 사직리司職吏(가축 담당자)가 되어서는 가축이 번식하였다.
27세(525년): 노나라에 내조한 담자郯子에게 고대의 관제官制를 배웠다.

장년기

34세(518년): 주나라에 가서 노자老子에게 예를 묻고 돌아오자 제자들이 더욱 많이 찾아왔다.

35세(517년. 소공昭公 25년): 소공이 제나라로 망명하여 노나라가 혼란하자 공자는 제齊나라로 가서 고소자高昭子의 가신家臣이 되어서 경공景公에 통하였다. 경공이 니계尼谿의 토지를 공자에게 봉해주고자 하였으나 안영晏嬰이 반대하여 경공이 미혹되었다.

36세(516년): 공자는 마침내 제나라를 떠나 노나라로 돌아왔다.

50세(502년. 정공 8년): 공산불뉴公山不狃가 비읍費邑을 근거지로 계씨季氏를 배반하고 공자를 불렀을 때 가고자 하였으나 끝내 가지 않았다.

51세(501년): 정공이 공자를 중도中都의 읍재로 삼으니 1년 만에 사방에서 본받았다. 그래서 마침내 사공司空(건설부 장관)이 되고 또 대사구大司寇(법무부 장관)가 되었다.

52세(500년. 정공 10년): 정공을 도와서 제나라 군주 경공景公과 협곡夾谷에서 회맹會盟하니 제나라 사람들이 빼앗아 간 땅을 노나라에 반환해 주었다.

54세(498년. 정공 12년): 자로子路로 하여금 계씨의 가신이 되어 세 도읍의 성을 허물게 하고 갑옷과 무기를 거두게 하였는데, 맹씨孟氏의 집안에서는 성成땅의 성城을 허물려고 하지 않아 포위 공격하였으나 이기지 못하였다.

주유천하기

55세(497년): 제나라 사람들이 여악女樂(미녀 가무단)을 보내어 저지하니 계환자季桓子가 이것을 받았으며 교제郊祭를 지낸 뒤에 제사지낸 고기를 대부大夫들에게 나누어 주지 않자 노나라를 떠났다.(이하의 주유천하 년도는 여러 학설이 명확하지 않아 년도는 제시하지 않고 개략적인 사건만 열거한다)

위衛나라에 가서 자로의 처형인 안탁추顔濁鄒의 집에 머물렀다.

진陳나라로 갈 때에 광匡땅을 지나는데 광 땅 사람들이 공자를 양호陽虎라고 여겨 포위하였다. 풀려나자 위나라로 돌아와 거백옥蘧伯玉의 집에 거처를 정하였다. 위령공衛靈公의 부인인 남자南子를 만나보았다.

위나라를 떠나 조曹나라를 거쳐 송宋나라에 가니 사마司馬인 환퇴桓魋가 죽이고자 하므로 또 송나라를 떠나 정鄭나라로 갔다.

진나라에 가서 사성정자司城貞子의 집에 3년 동안 머물다가 위나라로 돌아왔는데 영공은 등용하지 못하였다.

진晉나라 조씨趙氏의 가신인 필힐이 중모中牟 땅을 근거로 반란을 일으키고 공자를 부르니 공자는 가려고 하였으나 또한 가지 않았다.

장차 서쪽으로 가서 조간자趙簡子를 만나 보려고 하다가 황하에 이르러 위나라에 돌아와 거백옥의 집에 머물렀다. 영공이 진법陣法을 묻자 배우지 않았다고 하고 떠나 다시 진나라로 갔다.

계환자가 죽을 때에 계강자季康子에게 유언하기를 반드시 공자를 불러 등용하라 하였는데, 그 신하들이 저지하자 계강자는 이에 염구冉求를 불렀다.

공자는 진나라에서 채蔡나라로 가서 섭葉땅에 이르러 섭공을 만나고 다시 채나라로 돌아왔다.
63세(489년): 채나라에 옮긴지 3년이 되던 해에 오吳나라가 진나라를 공격하였다. 이 때 초나라 소왕昭王이 사람을 보내어 공자를 초빙하자 공자가 장차 찾아가서 예를 갖추려 하였는데, 진나라와 채나라의 대부들이 군대로 포위하였다. 이에 공자는 진나라와 채나라 사이에서 양식이 떨어져 7일 동안이나 굶었다.
초나라 소왕이 장차 서사書社의 땅 700리를 공자에게 봉해주려고 하였는데 영윤令尹인 자서子西가 반대하여 이에 중지하였다.
67세(485년): 부인 견관씨가 세상을 떴다.
68세(484년. 애공 11년): 염구가 계씨의 장수가 되어 제나라와 싸워 공을 세우자 계강자가 이에 폐백을 보내 공자를 불렀으므로 공자가 노나라로 돌아왔다.

노년기

69세(483년): 아들 리鯉가 50세로 세상을 떴다.
70세(482년): 애제자 안회가 세상을 떴다.
71세(481년. 애공 14년): 노나라에서 서쪽으로 사냥을 나갔다가 기린麒麟을 잡으니 공자가 『춘추春秋』를 지었다.
72세(480년): 자로가 위나라 내란 중에 죽었다.
73세(479년. 애공 16년): 임술 4월 을축일(음력 2월 11일)에 세상을 떠났다. 노나라 도성의 북쪽 사수泗水가에 장례를 지내니 제자들이 모두 심상心喪 3년을 마치고 떠났으나 오직 자공子貢만은 무덤가에 여막을 짓고 모두 6년을 지냈다.

공자는 만년에 자신의 평생을 다음과 같이 회고하였다.

> 나는 15세에 학문에 뜻을 두었고,
> 30세에 자립하였고,
> 40세에 판단에 혼란을 일으키지 않았고,
> 50세에 천명을 알았고,
> 60세에는 귀로 듣는 것이 마음에 통하여 거슬림이 없게 되었고,
> 70세에는 마음이 하고자하는 바를 따라도 법도를 넘지 않았다.
>
> (『논어』 「위정」)

여기서 공자에 대한 평가를 알아보자.

공자가 세상을 떠나자 노나라 애공은 "어지신 하늘이 우리 노나라를 돌보시지 않으사 이런 훌륭한 분을 남겨두시지 않으시고, 나 한 사람만 임금의 자리에 있게 하시니, 외롭고 외로워 걱정 속에 있게 되었도다. 아, 슬프다, 니보尼父여! 내 스스로 본받을 대상이 없어졌도다."라고 애도하였다.

공자의 수제자인 안회는 다음과 같이 공자를 평가했다.

> 우러러보매 더욱 높으며 뚫어보매 더욱 굳으며 바라보매 앞에 있더니 문득 뒤에 있도다. 선생님은 차근차근 잘 사람을 가르치시니 나를 글로써 넓게 하고 나를 예로써 단속하여 주시었다. 그만두고자 하되 그럴 수 없어 이미 나의 재능을 다하니 서 있는 것이 우뚝한 것이 있는 듯 한지라, 비록 따르고자 하나 어디서부터 말미암을 줄 모르겠다.
>
> (『논어』 「자한」)

자공은 해와 달로써 공자를 비유하여 극찬하였으며, 맹자는 인류가 생긴 이래 공자 같은 이는 없었으며(自生民以來,未有夫子也), 때에 알맞게 행동하는 성인으로서(聖之時者), 집대성集大成한 이라고 평가하였다.

공자 사후 후대에 공자에 대한 찬사는 헤아릴 수 없이 많다. 그중 대표적인 미불(米芾. 자는 원장元章. 송대 서화가)의 공자찬孔子贊을 보자. 단순하면서도 공자의 위대한 점을 잘 드러내고 있는 명문이다.

> 공자여, 공자여!
> 위대하도다, 공자여!
> 공자 이전
> 이미 공자 없고,
> 공자 이후
> 다시 공자 없네.
> 공자여, 공자여!
> 위대하도다, 공자여!
> 孔子孔子! 大哉孔子!
> 孔子以前, 旣無孔子,
> 孔子以後, 更無孔子.
> 孔子孔子! 大哉孔子!

또한 '공자행교상孔子行敎像'으로 유명한 당나라 오도자吳道子의 찬은 공자의 평생 업적과 후대에 끼친 그 영향에 대해 잘 표현하고 있다.

> 덕은 천지와 나란하고,
> 도는 예와 지금에 으뜸일세.
> 육경을 깍아 내고 서술하여,

법을 만세에 드리웠네.
德侔天地, 道冠古今.
刪述六經, 垂憲萬世.

송대의 철학자 장횡거의 다음의 시도 공자를 찬미한 것으로 생각된다.

천지를 위하여 마음을 세우고,
만민을 위해서 도를 확립한다.
옛 성인을 위하여 끊어진 학문을 잇고,
만세를 위하여 태평 시대를 여노라.
爲天地立心, 爲生民立道.
爲去聖繼絶學, 爲萬世開太平.

주자는 「중용장구서문」에서 공자의 옛 성인을 잇고 후학을 열어준(繼往聖,開來學) 공은 도리어 요순보다 더 어짊이 있다고 하였다.

공자는 다양한 노력을 하였으며 이러한 노력이 성과를 거둔 결과 인간을 위하여 크나큰 일을 할 수 있었던 것이다. 공자는 기본적인 조건 외에 성장하면서 다양한 공부를 함으로써 깨달은 바가 있어 이러한 지식으로 후세에 길이 내려갈 배움의 자취를 남겼다. 그 전의 모든 지식과 선인들의 노력도 중요하나 그간의 모든 것들을 집성한 공자의 업적은 다른 선각자들의 노고에 비하여 중하다고 할 수 있을 것이다. 이렇게 한 시대를 매듭짓고 많은 사람들의 의식이 혼란스러울 때 자신의 방향을 가늠할 수 있는 잣대를 만들었다는 것이 가장 큰 배울 점이다.

2. 스승과 제자

본 장에서는 공자와 제자들의 관계를 특히 스승과 제자에 초점을 맞추어 필자가 서술하거나 당시 상황에 즉하여 극적으로 구성해 보았다. 자료는『논어』를 주로 하였고 기타 자료를 참고하였다.(일부 상상이 없진 않으나 모든 내용은 전거에 따라 서술하였다) 공자의 회상을 시작으로 공자와 안회, 자로, 자공, 증자에 대해 핵심 사상과 일화를 중심으로 서술하였다.

(1) 공자의 회상回想

내 나이 어느덧 일흔 세 살...이제 내 삶의 여정도 종착역에 가까워진 것 같다. 평소 나의 정신적인 스승인 주공을 최근에는 한동안 꿈에서 뵙지 못한 것으로 보아서도 내가 노쇠하였음을 알 수 있다. 또한 얼마 전 내가 양쪽 기둥 사이에 앉아서 제사를 받고 있는 꿈을 꾸었다. 옛 문헌에 의하면 하나라는 동쪽 기둥에서 제사를 지내고, 은나라는 양쪽 기둥 사이에서 제사를 지내며, 주나라는 서쪽 기둥에서 제사지낸다고 하였는데, 나는 은나라의 후손이니 이것은 내가 죽어 양 기둥 사이에서 제사 받는 것을 암시하는 것이 아니겠는가!

오늘 낮에는 평소와 같이 멀리 태산을 바라보며 정원을 산책하고 있다가 무심코 다음과 같은 시를 읊조렸다.

태산이 무너지려는가
대들보가 부러지려는가
철인이 사라지려는가

그 때 마침 수제자 중 유일하게 생존한 자공이 찾아 왔길래 나는 "사賜야 너는 왜 이리 늦게서야 왔느냐?"고 하였다. 한동안 보이지 않다가 오랜만에 온 것을 보니 자공도 무언가 짐작되는 것이 있었나 보다. 그러고 보니 내가 지금까지 경제적으로 별 불편을 느끼지 않고 생활할 수 있었던 것은 자공 덕분이었다. 자공은 비록 안회처럼 덕행이 뛰어나지는 못하지만 마치 종묘에 제사지낼 때 쓰이는 '호련'처럼 참으로 귀한 그릇이다. 특히 외교 방면에서는 타의 추종을 불허할 정도이다.

이제 세상을 떠난다고 생각하며 그동안의 내 자신을 돌이켜 보건대 잘한 점보다는 미안함을 더욱 많이 느낀다.

첫째는 나 자신에 대한 미안함이다.

나는 아버님 쪽 혈통을 이어 받아 기골이 장대하고 키가 커서 사람들이 '키다리'라고 불렀다. 주유천하 하던 중 정나라 동쪽 성문에서 제자들을 기다렸을 때 어떤 이는 나의 모습이 고대의 성군인 요임금 우임금과 어진 신하 고요, 명재상 자산과 같다고 평하기도 했었다.

나는 원래 건강한데다 때가 아니면 먹지 않고 빛깔이 이상하거나 냄새가 나면 먹지 않는 등 섭생에 주의를 기울이긴 하였다. 그러나 주유천하 14년간 끼니를 제 때에 잇지 못하고 일정을 강행하느라 그 튼튼하던 몸을 혹사시켰다. 이는 몸에 대한 미안함이다.

또한 천하 만민을 구제하느라 늘 마치 깊은 연못에 다다른 듯이 얇은 얼음을 밟듯이 늘 노심초사 전전긍긍하여 정신을 쉬게 할 틈이 없었으니 이 또한 정신에 대한 미안함이다.

둘째는 가족에 대한 미안함이다.

먼저 아버님에 대해서이다. 아버님에 대한 기억은 별로 없다. 내가 워낙 어렸을 때인 세살 때 돌아가셔서일 것이다. 다만 간혹 오셔서는 나를 무척 귀여워하셨던 기억은 있다. 당시 너무 노쇠하셨던 까닭에 어린 내가 제대로 효도 한번 못한 것이 아버님에 대한 미안함으로 지금까지 남아 있다.

그리고 어머님에 대한 미안함이다. 어머님은 십대 후반에 공씨 가문을 이으시려는 아버님의 뜻을 따라 당시 예순이 넘으신 아버님께 기꺼이 시집오셨다. 비록 정상적인 결혼이 아니라 '야합野合'이라는 비난을 받으시면서 까지 말이다. 내가 세 살 때 아버님이 세상을 떠나신 뒤로 어머님은 나를 위해 온갖 궂은일을 마다하지 않으셨다. 내가 세상에 출세하는 것도 보지 못하시고 젊은 나이에 세상을 뜨신 어머님...나는 체격은 아버님을 닮았으나 어머님의 성격을 많이 닮았다. 늘 묵묵히 당신의 일을 하시던 그 모습이 그립다.

다음으로는 아내 견관씨에 대한 미안함이다. 아내는 나와 같은 은나라 후손인 송나라 사람으로서 열아홉 살에 나에게 시집와서 아들 리와 딸까지 낳았으나 가정의 단란함은 결코 누리지 못하였다. 내가 하늘의 뜻을 찾으려 진리 탐구에 열중하느라 세상 부부의 아기자기함은 생각도 못하였고, 게다가 쉰다섯 살부터 예순여덟 살까지 14년 동안 주유천하까지 하였으니...아내는 홀로 리鯉와 딸을 기르다 내가 타국에 있을 때 예순다섯 살로 세상을 떠났다. 이 또한 남편으로서 아내에 대한 미안함이다.

그리고 아들 리鯉에 대한 미안함이다. 녀석이 태어났을 때 노나라 임금이신 소공께서 잉어를 보내셨다. 그것은 잉어가 황하의 폭포를 뛰어 넘어 용이 되는 것처럼 장차 노나라의 큰 인물이 되라는 축복의 선물이었다. 그래서 나는 녀석의 이름을 '리鯉'(잉어)라고 지었다. 다른 제자들 보다 특별히 더 교육시킨 것도 없고 다만 언젠가 내가 뜰에 서 있을 때 지나가기에 한번은『시경』을, 한번은 예를 배우라고만 말해준 기억이 있을 뿐이다. 아비로서 인간적으로 따스한 정을 주지 못한 것이 이제 와서 미안할 뿐이다.

셋째는 스승과 제자들에 대한 미안함이다.

나는 스믈일곱 살에 담자에게 고대 관직의 제도를 배우고 사양자에게 음악(거문고)을 배웠으며 서른네 살에는 당시 주나라의 수도인 낙양에서 왕립도서관 관장으로 계시던 노자님에게『주역』과 예를 배웠다. 특히 노자님께서는 내게 작별의 선물로 남을 비판하거나 결점을 지적하는 말을 조심하라고 하셨는데 이제 와 지난 생을 돌이켜 보니 이것을 제대로 실행하지 못하였다. 이 또한 스승님께 미안함이다.

다음으로는 제자들에 대한 미안함이다. 안회는 원래 몸도 허약한데다 나를 따라 14년간 주유천하하면서 몸이 많이 상하여 결국 마흔한 살에 나보다 먼저 세상을 떠나지 않았던가! 내가 좀 더 안회의 건강을 챙겼어야 하는데. 나의 진정한 정신적인 후계자인 안회를 생각하면 피눈물이 남을 금할 수 없다. 당시 나는 안회를 잃고 대성통곡하였다. 아아, 안회여! 어이하여 너는 나보다 먼저 떠났는가.

자로에 대해서도 비통한 생각이 든다. 비록 나와 나이 차이는 아홉 살밖에 나지 않아 내가 형뻘이지만 자로는 나를 깍듯이 스승으로 대우하고 존경했다. 자로가 내 문하에 들어온 이후로는 사람들이 내게 함부로 대하지를 못하였다. 직선적인 성격 때문에 나에게 자주 핀잔을 받았지만 자로! 나는 너를 가장 인간적으로 아꼈다. 그러나 너는 공회의 난에 그야말로 '살신성인'하였으니 하늘에서도 나의 뜻을 실천하였노라고 호탕하게 웃고 있을 것이다. 우린 곧 만나게 되겠지만. 보고 싶구나, 자로!

이에 비해 자공은 도덕과 학문 수양 보다는 그 총명한 두뇌로 외교와 재산을 늘리는데 열중했다. 녀석은 늘 한 살 많은 안회와 자신을 비교하고 내게서 인정받고 싶어 했다. 내 그 마음을 알고 있었지만 그 마음을 위로하고 격려하기 보다는 매몰차게 대한 적이 많았다. 그 또한 자공에게 미안함이다. 이 밖에 다른 제자들에 대해서도 스승으로서의 역할을 제대로 하지 못한 것 같아 미안할 뿐이다.

넷째는 천하 만백성에 대한 미안함이다.

내가 열다섯 살에 학문에 뜻을 둔 이후로 나는 '자신을 닦고 남을 다스리는' 것을 목표로 하였다. 학문의 궁극적인 목적은 과연 무엇인가? 바로 요임금과 순임금의 이상정치를 하여 이 백성을 요임금과 순임금 시대의 백성처럼 살게 하는 것, 즉 이상사회인 대동大同사회를 만드는 것이 아니었던가? 이것을 분명히 알면서도 나는 나 개인의 수양에 치중하여, 서른 살에 가치관이 서고 마흔 살에 의심하지 않게 되어 쉰 살에 천명을 알게 되기까지 수양이 먼저라고 생각하였다. '수기修己'와 '치인治人'은 바로 새의 두 날개나 수레의 두 바퀴와 같은 관계라는 사실을 소홀히 하였던 것이다. 비록 쉰 살이 넘어 고국인 노나라에서 중도재(중도 땅의 원님), 사공(건설부 장관), 사구(법무부 장관, 국무총리 겸직) 벼슬을 하였지만 나의 능력 부족과 짧은 기간으로 인하여 제대로 뜻을 펴지는 못하였다.

이에 14년의 주유천하를 하면서 나를 알아주는 군주를 찾아 헤메었고, 보석을 상자 속에 넣어만 둘 것이 아니라 좋은 값에 팔아야 한다고 강조하였지만, 결국 나의 뜻을 받아들이는 군주는 없었다. 아아! 이는 나의 성격, 불의를 미워하고 모든 것을 정색하고 대하는 나의 경직된 태도에서 비롯된 것이기도 하다. 그래! 큰 것을 위해서는 작은 것을 양보할 수도 있지 않겠는가? 그때 노자님께서 강조하시던, 항상 낮은 곳으로 흐르는 물의 겸손의 철학과 굽힐 줄 아는 부드러움의 철학을 왜 활용하지 못했던가! 늘 노자 스승님을 배워야 한다고 입버릇처럼 되뇌면서 말이다. '때에 따라 알맞음(時中)', 그것이 바로 내가 그렇게 강조한 '중용'이 아니었던가! 다시 한번 노자 스승님께 미안함을 넘어 죄송스러울 따름이다. 스승님! 불초한 제자를 용서하십시오.

다섯째는 하늘에 대한 미안함이다.

내가 진정으로 하늘의 뜻을 안 것은 아마 주유천하 14년 동안에 겪었던 많은 일들을 통해서였을 것이다. 나는 처음에 내가 요순시대의 이상 정치를 실행할 수 있으리라고 생각하여 이를 위해 많은 노력을 기울였다. 그러나 결국 나의 사명은 무관無冠의 제왕帝王인 소왕素王으로서 교육을 통해 제자를 양성하고, 고전을 정리하여 후세에 전해 만세에 태평성대를 여는 것임을 알았다. 내가 일찍 이것을 알아 증삼이나 자유, 자하, 자장, 유약 같은 젊은 제자들에게 좀 더 신경을 쓰고 육경을 제대로 정리하였으면(특히 『주역』과 내가 깨달음을 얻은 음악에 관한 『악경』에 대해서) 학문의 계통이 제대로 전수되고 후세에 많은 이단사설이 난립하지 않게 되었을 것이다.

주유천하 14년의 세월은 많은 고난과 역경, 좌절을 통해 내가 하늘의 아들로 거듭나고 진정으로 천명을 아는 소중한 계기가 되었지만 그 기간이 너무 길었다. 따라서 결과적으로는 이 백성들과 후세 사람들이 이상적인 정치와 인간으로서 하늘의 뜻에 따라 사는 삶이 과연 어떤 것인지를 제대로 알고 누리고 실천함에 부족함이 있게 된 것이다.

지난 칠십 평생을 돌이켜 보니 그야말로 미안함 투성이다. 나 자신은 물론 부모, 가족, 스승, 제자, 만백성, 하늘 그리고 천지만물에 대해서까지...

나는 일찍이 "배우기만 하고 생각하지 않으면 어둡고, 생각만 하고 배우지 않으면 위태롭다."라고 말한 적이 있다. 이것은 배움과 생각의 중요성, 특히 배움의 중요성을 강조한 것이었다. 그러나 내가 비록 말로는 표현하지 않았지만 어찌 참공부가 배움과 생각의 단계에서만 그치는 것이겠는가? 학문의 궁극목표는 결국은 깨달음인 것을! 이에 먼저 자신을 부단히 갈고 닦아 때(時)와 천명(命)을 알아 하늘의 아들로 거듭나는 것이 진정한 제자, 후학의 도리이며 자세임을 간곡히 알리고자 한다. 부디 이 세상을 떠날 때에 자기 자신은 물론 가족과 천지만물, 하늘에 미안한 마음을 조금이라도 적게 가지고 가기를 간절히 바란다.

이제 나의 칠십 평생을 회고하면서 특히 그동안 내가 느꼈던 미안함에 대해 서술하니 참으로 많은 분들께 죄송스런 마음을 금할 수 없다. 내가 노나라 애공에게 안회를 평가하면서 안회는 "성냄을 남에게 옮기지 않고 잘못을 두 번 하지 않았다."라고 하였는데, 잘못된 점을 알면 다시는 되풀이 하지 않는 것은 참으로 어렵고도 중요한 일이다. 내가 미안함을 느낀 유형 무형의 모든 존재께 깊이 사죄하면서...

(2) 공자와 안회

성냄을 옮기지 않고, 잘못을 두 번하지 않은(不遷怒,不貳過) 청빈한 수재 안회

유가의 시조인 공자는 30세 전후로 제자들에게 강학을 시작했는데 그 수는 무려 3,000여명을 헤아렸고, 그 중 육예六藝(『시』, 『서』, 『예』, 『악』, 『역』, 『춘추』. 또는 예, 악, 사, 어, 서, 수)에 통달한 제자가 72인이나 되었다. 특히 공자 문하의 십철十哲이 유명한 바 안회는 이 중 자로,

자공과 더불어 공자 문하의 수제자로 손꼽힌다. 안회는 공자와 같은 노나라 사람으로 공자보다 서른 살이 적었다. 공자의 제자 중에서는 선배이며 초기 제자에 속한다.

안회는 호학好學자로 자처한 공자처럼 역시 배움을 좋아하는 호학지사였다. 어느 날 노나라 애공이 공자에게 제자들 중에 누가 배우기를 좋아하냐고 묻자 공자는 안회를 들고 그는 "노여움을 남에게 옮기지 않고, 잘못을 두 번 하지 않았다."(不遷怒,不貳過)라고 평가하였다.

안회는 하나를 들으면 열을 아는(聞一知十) 통찰력과 이해력을 가졌으며, 스승이 말해주면 이를 실행하는데 결코 게으르지 않았다. 이에 공자는 "나는 그가 나아가는 것만 보았지 그가 중지하는 것은 보지 못했다."라고 까지 칭찬하였다. 심지어는 항상 스승의 모든 말에 대해 기뻐하지 아니함이 없었으니 나를 도와주는 자가 아니라는 반어적인 표현으로 안회를 칭찬하기도 하였다.

또한 안회는 평소 공부할 때는 마치 어리석은 사람처럼 질문도 하지 않고 묵묵히 있었으나 물러난 뒤의 행동을 살펴보면 충분히 스승의 뜻을 발휘하였다.

한편 안회가 공자사상의 핵심인 인仁에 대해 여쭙자 공자는

> 자기를 이겨 예로 돌아가는 것이 인을 하는 것이다. 하루라도 자기를 이겨서 예로 돌아가면 천하가 인으로 돌아갈 것이다. 인을 하는 것은 자기에게서 비롯하는 것이니 남을 의존하는 것이겠느냐?
>
> (『논어』「안연」)

고 답변하여 개인의 사욕을 이기는 것이 수양의 시작임을 천명하였다. 그리고 다른 제자들이 하루나 한 달에 한번 인을 지키나 안회

는 3개월 동안 인을 어기지 않았다고 안회를 평가하고 그의 독학篤學을 칭찬하였다.

이 밖에 공자가 자신의 포부를 말해보라 하였을 때 "착함을 자랑하지 않고 수고로움을 끼치지 않겠다.(無伐善,無施勞)"라고 하였으며, 공자에게서 임금이 등용하면 포부를 펴고 쓰지 않으면 물러나 간직하는 것은 오직 자신과 안회뿐일 것이라고 평가 받기도 하였다.

그러나 안회는 진리 탐구에만 혼신의 노력을 경주하였을 뿐 결코 자신의 안일은 추구하지 않았다. 안회는 소쿠리에 밥을 먹고 표주박에 물을 마시며 누추한 골목에 살면서도 안빈낙도하고 즐거워하여 공자로부터 어질다는 칭찬을 받았다.(『논어』「옹야」) 공자는 "안회는 거의 도에 가까웠으나 쌀독이 자주 비었다."란 말을 하기도 하였다.

안회의 후배인 증삼(증자)은 안회에 대해

> 능함으로써 능하지 못함에게 물으며, 많음으로써 적음에게 물으며, 있으면서도 없는 것 같으며, 꽉 차 있으면서 비어 있는 것 같으며, (잘못을) 범하여도 따지지 않는 것을 예전에 나의 벗이 일찍이 이에 종사하였다.
>
> (『논어』「태백」)

고 추모하며 술회하였다.

안회는 스승 공자와 평생의 고락을 같이하였다. 그야말로 부자지간과 같은 관계였으며 또한 지기知己이며 지음知音이기도 하였다. 『논어』의 곳곳에서는 안회에 대한 공자의 애정과 관심이 나타난다. 공자와 안회와의 관계, 특히 스승 공자에 대한 안회의 깊은 존경은 다음의 예에서 잘 표현되고 있다.

> 공자가 광匡 땅에서 두려운 일을 당했을 때 안연이 뒤늦게 왔다.
> 공자: "나는 네가 죽은 줄 알았다."
> 안회: "선생님이 계신데 제가 어찌 감히 죽겠습니까?"
>
> (『논어』「선진)

비록 짧은 문장이지만 이를 통해 제자에 대한 스승의 사랑은 물론, 특히 '선생님께서 살아계신데 제가 어찌 감히 죽겠습니까?(子在, 回何敢死?)'라는 말에서 스승에 대한 제자의 무한한 신뢰와 존경이 잘 드러나고 있다.

그런데 안회는 스물아홉에 머리가 하얗게 세더니 공자가 세상을 떠나기 네 해 전, 41세의 젊은 나이에 세상을 떠나고 말았다. 공자는 제자의 죽음을 매우 슬퍼하고 가슴 아파하며 소리 내 울면서 탄식했다. 이에 "나에게 안회가 있은 뒤부터 제자들이 나와 더욱 친숙해졌다."라고 술회하면서 "슬프다! 하늘이 나를 버렸구나. 하늘이 나를 버렸구나.(噫!天喪予,天喪予)"라고 하여 자신의 수제자인 안회를 잃은 슬픔을 하늘에 대한 원망으로 표현하였다. 안회가 죽고 공자가 너무나 통곡하자 다른 제자가 공자가 통곡하였다고 말하니 "이 사람(안회)을 위하여 통곡하지 않고 누구를 위하여 통곡하겠는가?"라고 반문하였다. 그렇게 아끼고 믿었던 공자 자신의 적통嫡統이었던 안회의 죽음에 대한 슬픔을 공자는 이렇게 표현한 것이다.

스승 공자의 인격과 학문에 대한 제자 안회의 찬사는 다음의 문장에서 극명하게 드러난다.

> 안연이 감탄하며 탄식하여 말하되 "우러러 보매 더욱 높으며 뚫어 보매 더욱 굳으며 바라보매 앞에 있더니 문득 뒤에 있도다. 선생님은 차근차근 잘 사람을 가르치시니 나를 글로써 넓게 하고 나를 예로써 단속하여 주시었다. 그만두고자 하되 그럴 수 없어 이미 나의 재능을 다하니 서 있는 것이 우뚝한 것이 있는 듯한지라, 비록 따르고자 하나 어디서부터 말미암을 줄 모르겠다."
>
> (『논어』「자한」)

여기서 공자의 정신의 위대성에 대한 안회의 사모와 존경 그리고 공자사상의 핵심을 볼 수 있다.

부처에게는 가섭과 아난이, 예수에게는 베드로가, 소크라테스에게는 플라톤이라는 수제자가 있었다. 공자와 안회의 관계는 그들 못지않게 우리에게 많은 감동을 준다. 참으로 부모와 자식의 관계, 아니 그보다 더한 관계로 비쳐진다. 다만 애석한 점은 불행히도 안회가 명이 짧아 일찍 세상을 떠난 탓에 공자의 학문과 사상을 계승, 발전시키지 못한 것이다. 비록 증자라는 만년 제자가 있어 공자의 도통道統을 계승하였다고 하나 실제로 공자의 정신은 안회가 세상을 떠나면서 끊어졌다고 보아야 할 것이다. 안회가 당대에 이루지 못한 옛 성인의 학문을 잇고 후학에게 길을 열어주는 과업, 즉 공자의 사상과 학문을 재해석하고 밝혀서 전 인류의 진화에 일조하는 것은 후학에게 부여된 과제라 생각된다.

〈부〉 공안문답孔顔問答(공자와 안회의 대화)

때는 B.C. 486년경 5월의 어느 화창한 봄날.

그날도 안회는 선생님(공자)을 모시고 진나라와 채나라를 방문하고 다시 위나라로 가던 길이었다. 길 좌우의 곳곳엔 제철을 만난 봄꽃들이 기지개를 켜고 있었다. 생각해 보면 진나라 임금은 물론 채나라 임금도 작은 나라의 군주여서 그런지 배포가 크지 않았다. 선생님의 인仁으로 하는 덕치를 수긍은 하면서도 당장에 효과가 없다는 이유로 적극 실천하기를 꺼려하였으니까 말이다. 제나라나 위나라는 큰 나라여서 선생님의 사상을 실행하기 어렵다 하더라도 소국인 진나라와 채나라에서는 충분히 모델로서 실험 가능한데...아마도 진나라 채나라 임금이 이상사회인 대동大同사회에 대한 의지가 부족한 것이 아니겠는가?

선생님께서 주유천하를 시작한지 상당한 시간이 흘렀다. 돌이켜 보면 55세에 노나라 임금인 정공이 나라 제사에 바친 고기를 보내주지 않자 더 이상 노나라에 대한 희망을 접고 떠나신지 어느덧 10년이 가까워진다. 이제 선생님 연세도 60대 중반이다.

안회는 지금까지 선생님의 핵심사상인 인仁은 만고불변의 진리임을 굳게 믿어 의심치 않고 있었다. 그런데 최근 제나라나 위나라는 그렇다고 치더라도 진채 같은 작은 나라에서도 선생님의 사상이 받아들여지지 않는 것을 보고 매우 안타까워했다.

과연 선생님의 인사상은 시대 착오적인 것인가? 이상 정치를 추구하는 지도자들에게 받아들여지지 않는다는 것은 무언가 문제가 있어서가 아닐까? 안회는 그럴 리는 없을 것이라고 자신의 생각을 다잡았다. 내가 알고 있는 인은 정확하게 인의 개념을 파악하고 있지 않는 것일지도 모른다는 생각이 들었다. 이에 그동안 동문들이 선생님께 인에 대해 질문한 적은 있었지만 자신은 한 번도 여쭈어 보지 않은 것이 떠올랐다.

그래! 선생님께 진정한 인은 무엇인지 여쭈어 보자.

며칠 전부터의 강행군으로 다들 지쳐있는 터라 잠시 큰 나무 아래에서 쉬어가던 때였다. 일행과 좀 떨어져 계신 선생님을 찾아가니 마침 선생님은 평소 늘 하시던 대로 고요히 명상에 들어있었다. 안회는 무릎을 꿇고 선생님이 마치시기를 끈기 있게 기다렸다. 선생님을 이렇게 가까이서 뵈니 많이 수척해지셨다. 특히 최근에 더 그러신 것 같다. 아마도 세상에서 당신의 뜻을 받아들여주지 않아서가 아닐까? 선생님은 이에 대해 어떤 생각을 가지고 계실까.

선생님은 인기척을 느끼셨는지 머지않아 정좌했던 몸을 푸시고 가볍게 몸을 이리저리 두들기며 막혔던 기운을 유통시켰다. 그리고 인자한 눈빛으로 안회를 지그시 바라보았다. 그 눈길은 자애로우면서도 흐뭇한 그러면서도 애절한 그 무엇을 머금은 것이었다. 이에 안회는 용기를 내어 평소 궁금했던 질문을 조심스럽게 여쭈었다.

선생님 (진정한) 인仁은 무엇입니까?

공자는 안회의 뜻밖의 질문에 흠칫 놀라는 듯 하더니 눈을 감고 잠시 생각에 잠겼다. 짧으면 짧고 길면 길다 할 시간이 흘렀다. 마치 오랜 잠에서 깨어나듯이 서서히 눈을 뜬 공자는 다음과 같이 말했다.

> 자기 자신의 몸과 마음을 단속하여 고대의 예를 회복(실천)하는 것이 인仁을 하는 것이다.(극기복례克己復禮) 지도자가 짧은 시간 안에라도 자기 자신의 몸과 마음을 단속하여 고대의 예를 회복한다면 지도자의 감화력과 영향력만으로도 온 세상이 그 인에 돌아와 복종(귀복歸服)할 것이다. 그러나 인을 행하는 것은 결코 자기에게서 비롯되는 것이니 남을 의존하는 것이겠느냐?

이에 안회는

> 공부는 결국 자기 자신이 하는 것이겠습니다. 그렇다면 청컨대 극기복례에 필요한 요목을 여쭙니다.

라고 답변하였다.

그러자 공자는 안회의 다음 질문을 기다렸다는 듯이 격정의 사자후를 토해냈다.

> 예禮가 아니거든 보지 말고 예가 아니거든 듣지 말고 예가 아니거든 말하지 말며 예가 아니거든 행동하지 말라!

안회는 자신이 전혀 예상했던 것이 아닌 뜻밖의 답변에 놀라움을 감추지 못하다가 이내 평소의 침착함을 회복하였다.

> 제가 남을 다스리는 방면에는 아직까지 잘 이해하지 못하였으나 말씀을 들은 이후로는 자신의 수양은 물론 남을 다스리는데도 온 힘을 다해 힘쓰겠습니다.
>
> (『논어』「안연」)

이에 안회는 방금 선생님께서 말씀하신 내용을 즉시 시로 읊어 자신의 무지몽매함을 깨우쳐주신 선생님께 깊이 마음으로부터의 감사를 올렸다.

극기복례

예를 회복함은 어디서 비롯되는가
나를 이김으로부터이지
인을 행함은 나에게서 말미암고
남에게 의지하지 않는 것
예가 아니면 보고 듣고 말하고
행동하지 말아야 한다네

이어서 옛 스승님들이 마음에서 마음으로 전한 심법心法을 또 다른 시로 표현해 자신의 내면으로부터의 기쁨을 노래했다.

심법

성현의 마음을 찾아 헤맸네
쌓여있는 묵은 책 속에서
오직 정성스럽고 한결 같아라
진실로 중용을 행하라
님들의 간곡한 당부
지금도 내 마음을 비추어 주네

선생님께서는 공부는 배우고 익히고 펴는 단계가 있다고 했다. 안회는 그동안 자기 자신이 항상 부족하다고 생각하여 배우고 익히는 자기 자신만의 내면의 수양에만 치중해 펴는 것은 소홀히 한 것은 아닌가 깊이 반성해 보았다. 이에 오늘 주신 선생님의 말씀을 평생 금과옥조로 가슴에 간직하고 실천할 것을 하늘과 선생님과 자기 자신에게 굳게 다짐했다.

(3) 공자와 자로

마루에는 올랐으나 방에는 들지 못한(升堂,未入室) 용맹한 호걸 자로

자로는 공자의 '공문십철孔門十哲'의 정사政事분야에 속할 정도로 정치분야에 특히 뛰어났으며 보기 드물게 문과 무를 겸비한 인물이었다.

자로는 성질이 거칠고 용맹을 좋아하며 과단성이 있고 심지가 강직하나 성품이 고루해서 변통성이 부족했다. 평소 수탉의 꼬리로 관을 만들어 쓰고 수퇘지의 가죽으로 주머니를 만들어 허리에 찼다. 공자의 제자가 되기 전 한때는 공자를 업신여기며 폭행하려고까지 하였다. 그러나 공자가 예로써 대하며 조금씩 바른 길로 인도해주자 뒤에 유학자의 옷을 입고 폐백을 드리고서 문인들을 통해서 제자가 되기를 청하였다.

공자와 자로가 처음 만날 당시 대화의 한 부분을 보자. 공자가 배움의 유익함에 대해 이야기 하자, 자로는

> 남쪽 산에 대나무가 있는데 그것은 잡아주지 않아도 저절로 반듯하게 자라며, 그것을 잘라서 쓴다면 무기라도 만들 수 있습니다. 이런 것으로 말하면 꼭 학문을 해야 할 일이 무엇이 있습니까?

라고 반문하였다. 이에 공자는

> 화살 한 쪽에 깃을 꽂고 다른 한 쪽에 화살촉을 박는다면 그 날카롭고 가벼운 것이 겸해져서 목표물에 들어가는 것이 더욱 깊어지지 않겠느냐?

라고 대답하였다. 자로는 이 말을 듣고 공손히 두 번 절하고 가르침을 받게 되었다.

자로는 좋은 말을 듣고 아직 행하지 않았는데 또 다른 좋은 말을 듣게 될까봐 두려워할 정도로 실천을 중시하였다. 자로는 이상적 인간인 선비, 군자, 성인成人에 대해서 문의하기도 하였다. 특히 군자에 대한 물음에 공자는 "자기 자신을 공경으로써 닦고 사람을 편안히 하며 더 나아가 백성을 편안히 하는 것"이라고 대답하였다.

자로는 공자와 다른 제자들에게 자기의 포부를 이렇게 피력하기도 하였다.

> 제후의 나라가 큰 나라의 사이에서 속박을 받아 전란이 생기고 따라서 기근이 들었을 때 제가 다스릴 경우, 삼년이면 백성들을 용맹하게 할 수 있고 또한 나아갈 방향을 알게 할 수 있습니다.
>
> (『논어』「선진」)

그렇지만 자로가 안다고 너무 잘 나서니 "아는 것을 안다고 하고 모르는 것은 모른다고 하는 것, 이것이 진정으로 아는 것이다.(知之爲知之,不知爲不知,是知也)"라고 핀잔을 받기도 하였다.

자로는 엉뚱한 면도 있었다. 공자는 인간의 본성이라든지 천도天道, 천명, 인仁에 대해서는 드물게 말하였는데 자로가 어느 날 느닷

없이 귀신을 섬기는 것에 대해 여쭈어보았다. 공자가 "사람을 섬기지 못하면 어찌 귀신을 섬길 수 있겠느냐?"라고 하자, 다시 죽음에 대해 여쭈어 보았다. 이에 공자는 "삶을 알지 못하면 어찌 죽음을 알겠느냐?"라고 하였다.

자로는 공자와의 나이 차이가 적다는 이유도 있겠으나 그 불같은 성격으로 자주 공자의 말이나 행동에 대해서 트집을 잡기도 했다. 한번은 공자가 위나라를 방문하였을 때 품행이 좋지 않았던 위나라 영공의 부인 남자南子를 만나보자 자로가 기뻐하지 않아 공자는 "내가 잘못한 것이 있다면 하늘이 싫어할 것이다. 하늘이 싫어할 것이다.(予所否者,天厭之,天厭之)"하고 하늘을 두고 맹세하기까지 하였다. 여기서 또한 완전한 사람인 스승에 대한 절대적 존경을 볼 수 있다. 그러나 공자는 평소 자로의 강직하고 직선적인 성격을 염려하여 "유(자로 이름)는 자기의 명대로 살다가 죽기 어려울 것이다."라고도 하였다.

공자는 자로를 평가하기를 "한 마디 말로써 옥사를 판결할 수 있는 사람은 아마도 유일 것이다."라고 하여 자로의 정치능력을 인정하였으며, "제후의 나라에서 군대를 다스릴 수 있다."라고 하여 군사적인 수완도 있음을 인정하였다. 그러나 "유는 용맹을 좋아함이 나를 능가하나 사리를 재량하지는 못한다."라고 그의 부족한 점을 아울러 지적하기도 하였다. 또한 공자는 자로의 학문과 인격의 경지에 대해 '마루에는 올랐지만 방에는 들어가지 못한 것(升堂,未入室)'으로 평가하였다.

자로의 성격을 살펴보면 한편으로 무모하기도 하고, 때로는 신비함을 추구하기도 하며 지나치게 체면을 차리는 면도 있다. 또한 스승의 참뜻을 잘 몰라 핀잔을 받거나 야단을 맞기도 하지만 의외로 말재주도 있으며, 말과 행동에는 항상 공자에 대한 무한한 경외감과 존경심이 어려 있음을 알 수 있다.

자로는 만년에 위나라 대부 공회의 가신이 되었다. 바야흐로 공회가 외삼촌 괴외(태자로서 훗날의 장공)와 난을 일으켰을 때 자로는 밖에 있다가 그 소식을 듣고서 달려갔다. 마침 위나라 성문을 나오는 자고(자로와 동문. 공자의 제자)와 만났는데, 자고가 "임금(출공)은 도망갔고 성문은 이미 닫혔으니 그대는 돌아가는 것이 좋을 것이오. 공연히 화를 당하지 마시오."라고 하였다. 이에 자로는 "그 임금(출공)의 녹을 먹었다면 그가 어려움에 처하였을 때 회피해서는 안 되는 것이오."라고 하면서 성으로 들어갔다. 자로가 괴외(장공)에게 "태자는 어찌 공회를 이용하려 하십니까? 비록 그를 죽이더라도 반드시 다른 사람이 그의 뒤를 이어 싸울 것입니다."라고 하였으나 그가 들어주지 않자 그들이 있던 누대를 불태우려 하였다. 그러자 괴외(장공)는 두려워 두 장수에게 자로를 공격하게 하였는데 한창 때가 지난 자로는 그들과 맞서 싸우다가 힘에 부쳤고, 그 와중에 자로의 갓끈이 끊어졌다. 이에 자로는 "군자는 죽더라도 관은 벗지 않는다(君子死而冠不免)"라고 외치며 갓끈을 다시 매고 옷매무새를 고치고 단정히 앉아 창을 받았다. 그들의 창끝이 허공을 가르는 순간 자로의 뇌리에는 전광석화처럼 다음과 같은 생각이 스쳐 지나갔다.

> 형님! 아니 스승님! 끝까지 모셔야 하는데 저 먼저 갑니다. 스승님은 부족한 저를 문하에 거두어 지금까지 사람노릇을 하게 해주셨습니다. 그 은혜를 어찌 잊으며 다 갚겠습니까? 그나마 제가 이 정

> 도라도 사람구실을 하게 된 것도 모두 스승님 가르치심 덕분입니다. 저는 지금 스승님께서 말씀하신 몸을 죽여 인을 이룩하는 '살신성인殺身成仁'을 실천합니다. 부디 옥체 보중하옵소서...

공자는 위나라에서 난리가 일어났다는 이야기를 듣고, "아아, 유(자로)가 죽겠구나!"라고 탄식하였는데, 이윽고 과연 자로가 죽었다. 이런 자로였기에 공자는 "내가 유를 얻은 뒤로부터는 다른 사람들의 험담이 나의 귀에 들리지 않았는데..."라고 비통해 하였다. 자로가 죽은 뒤 시신이 토막 나 소금에 절여졌다는 소식을 듣고 공자는 대성통곡하였다. 이에 곧 집안사람에게 명하여 집안에 있는 모든 젓갈을 내다 버리라 한 뒤 세상을 떠날 때까지 다시는 젓갈을 입에 대지 않았다. 자로가 세상을 떠난 지 1년 뒤 공자도 향천向天하였다.

(4) 공자와 자공

지나간 것을 알려주면 올 것을 아는(告往知來) 부귀한 재사 자공

때는 중국 춘추시대인 기원전 5세기 말엽. 노魯나라 수도인 곡부曲阜를 가로지르는 기수沂水 냇가를 골똘히 생각에 잠겨 거닐고 있는 한 젊은이가 있었다. 호리호리한 몸매에 늘씬한 키, 약간 갸름한 얼굴, 재치로 빛나는 눈동자 등 일견 재사才士형의 그 청년은 바로 공자 문하 빅3 중 한 사람인 자공이었다.

자공은 지금 수일 전 공자와 나누었던 대화를 곰곰이 생각해 보고 있었다.

그날도 여느 때와 같이 자공은 안회, 자로와 몇 사람의 동문 제자들과 함께 공자를 모시고 산책을 하고 있는 중이었다. 선생님은 제자들과 이런저런 일상적인 담소를 나누다가 갑자기 자공에게 물었다.

사賜야! 너는 내가 많이 배워서 기억하는 이라고 생각하느냐?

자공이 대답해 말하기를

그렇습니다. 그렇지 않습니까?

그러자 공자는

그렇지 않다. 나는 하나로써 모든 것을 꿰뚫었느니라.(予一以貫之)

라고 대답하였다.

자공은 지금까지 선생님의 박학다식함을 늘 부러워하였다. 선생님은 어느 나라든지 방문하면 그 나라의 임금이 반드시 정치의 현안에 대해 질문하였고 선생님은 그들이 만족할 만한 대답을 하였던 것이다. 선생님의 대답은 당시 그 나라 정치의 문제점과 핵심을 파악하여 제시한 최상의 방책이었으며, 그 밑바탕에는 늘 천하 만민을 아끼고 사랑하는 마음이 자리 잡고 있었다. 그리고 고대의 전장典章과 제도, 사적史籍 등에 대한 선생님의 그 놀라울만한 지혜는 '하나를 들으면 열을 안다.'고 스스로 평가했던 안회마저도 "우러러 볼수록 더욱 높고 뚫을수록 더욱 굳으며 바라보면 앞에 계시더니 문득 뒤에 계시도다."라고 감탄하지 않았던가?

'그런데 지금까지의 내 생각과는 달리 '하나로써 꿰었다.'고 하시니 그렇다면 그 '하나'는 과연 무엇일까? 사실 그동안 선생님의 교육 방법은 '사람의 재질에 따라 가르침을 베푸는(因材施教)' 방식이어서 우리 학단의 핵심 사상이라고도 할 수 있는 '어짐(인仁)'에 대해서도 각기 달리 대답하지 않으셨던가? 생각해 보면 안회의 질문에는 "자기 자신을 이겨 예로 돌아가라(克己復禮)"라고 하셨고 번지의 질문에는 "사람을 사랑하라(愛人)"라고 하셨다. 그러고 보니 나 자신은 선생님께 다른 질문은 많이 하였으나 정작 '인'에 대해 질문을 한 적이 없다. 이미 선생님이 그 핵심을 말하셨기 때문에 그 질문의 필요성에 대해 느끼지 않은 건지 아니면 아직 질문할 때가 아니라고 생각해서인지는 모르겠다.

어쨌든 선생님이 말씀하신 그 '하나'가 선생님 사상의 핵심이니 그것을 알면 선생님의 광대무변한 학문과 사상의 정수를 아는 것이 아니겠는가? 그러나 생각해 보면 평소 선생님은 우리 제자들이 알려고 노력하지 않으면 열어주지 않고, 말하려고 애태우지 않으면 발휘해주지 않으셨다. 다른 제자에게가 아닌 내게 이 '하나'를 제시하신 까닭은 내게 이 문제를 스스로 풀이하라고 하신 것이 아니겠는가? 어떻든 이 문제는 기존의 선생님 말씀과는 그 차원이 다르다. 좀 더 관심을 가지고 이 '하나'에 대해 깊이 천착해 보아야 하겠다.'

지금 기수 냇가에서 자공은 바로 지난번 선생님이 말씀하신 '하나'에 대해 그동안 자신이 생각한 것을 하나하나 검토, 정리하고 있는 중이었다. 그러나 지금까지 선생님이 말씀하신 내용을 적은 죽간竹簡을 아무리 검토하고 다른 제자들과 토론해 보아도 그 '하나'의 그림자도 잡히지 않았다. 다른 제자들은 그 '하나'가 선생님이 늘 말씀하시는 '인仁'이 아니겠는가 라고도 하고, '효', '공손함', '성실'

(충忠), '믿음' 등을 제시하기도 하였다. '그런데 이 모든 덕목에는 뭔가 부족한 점이 있다. 그렇다면 나의 주특기인 에둘러 말하기를 잘 활용하여 선생님께 이 '하나'에 대해 여쭤보면 어떨까. 그것 참 좋은 생각이다. 내가 왜 이것을 일찍 생각하지 못했을까?'

그로부터 며칠 후 여느 때와 같이 오전 강의를 끝내고 공자가 몇 명의 제자와 함께 산책을 할 때였다. 자공은 공손하게 두 손을 맞잡고 공자께 여쭤 보았다.

> 선생님! 한 마디 말로써 평생토록 실행할 만한 것이 있겠습니까?

그러자 공자는

> 그것은 '서'恕일 것이다. 자기가 하고 싶지 않은 것을 남에게 베풀지 말라.
>
> (『논어』「위령공」)

라고 서슴없이 대답하셨다. 그 순간 자공은 '바로 이것이다.'라고 쾌재를 부르면서 먼저 안회의 반응을 살펴보았다. 안회는 선생님의 말씀을 듣는 순간 일순 움찔하고 놀라는 듯하더니 평소와 마찬가지로 눈을 내리 깔고 무언가를 깊이 생각하는 듯하였다. 자로를 보니 평소 다른 제자들의 질문에 대한 선생님의 일반적인 대답으로 생각하여 대수롭지 않게 여기는 것처럼 보였다. 이에 자공은 선생님의 핵심사상이 바로 '나의 마음처럼 남을 생각하는 것' 즉 '서恕'임을 안 것에 의기양양하면서 하늘을 쳐다보며 가슴을 활짝 펴고 대지의 신선한 공기를 마음껏 들이마셨다. 자공은 바로 이 '서'자 하나를 평생토록 자신의 호신부처럼 지니고 살아갈 것을 마음속으로 굳게 다짐하고 다짐하였다.

이후 얼마간의 시간이 흘렀다. 자공은 공자의 심부름으로 고국 노나라의 외교적인 문제를 처리하기 위해 잠시 떠났다. 돌아와 들자하니 어느 날 선생님께서 또 "나의 도는 하나로써 관통하였다." 고 하셨다지 않는가? 물론 그에 대한 설명은 없었지만 말이다. 그런데 마침 그 자리에 있던 제자들 중 가장 노둔한 증삼曾參이 선생님이 나가시자 다른 제자들의 질문에 선생님의 도道는 바로 '충忠'(성실)과 '서恕'임을 단정적으로 말했다고 한다. 증삼은 증점曾點의 아들로서 아버지와 아들이 함께 선생님에게 수학하고 있는 후배 동문이다. 증삼은 비록 노둔하기는 하지만 특히 효도에 능하며 선생님의 학문의 정수를 제대로 계승하고 있다는 평가를 받고 있는 인물이다. '어떻게 보면 선생님께서 내게 말씀하신 것을 증삼이 확인을 해 준 셈이다. 녀석은 선생님의 가르침에 충실하고 비록 우둔한 것처럼 보여도 선생님의 가르침의 핵심을 꿰고 있을 테니까 말이다.'

이에 자공은 지난번 선생님이 말씀하신 '서恕', 즉 '자기가 하고 싶지 않은 것을 남에게 베풀지 말라.'라는 말을 다시 한번 되새기면서, 선생님이 제자들을 하나하나 아끼고 사랑하는 마음, 언젠가 말씀하신 적이 있는 '가르침은 있되 종류는 없는(有教無類)' 선생님의 정신에 깊이 감사의 마음을 올렸다. 또한 그동안 선배 제자로서 그 직분을 제대로 이행하지 못하고 있는 것을 깊이 참회하면서, 선생님이 제자를 사랑하는 그 하해河海 같은 위대한 마음에 고개 숙이고, 자신의 소질인 외교 능력을 살려 사도斯道(유학)를 널리 전파하며 선생님의 기대에 부응하겠다는 각오를 새롭게 하였다.

그날 이후 자공의 태도는 눈에 띄게 겸손해졌고 마음 씀씀이와 실천력이 이전보다 더욱 넓어지고 깊어진 것을 동문 제자들은 누구나 느낄 수 있었다.

(5) 공자와 증삼

공자의 일관을 충서로 파악한(一貫忠恕) 노력파 둔재 증삼

증삼(증자)은 공자 제자 그룹 중에서 후배군에 속하는 인물로, 공문십철에는 들지 않는다. 그러나 그는 공자의 도를 공자의 손자 자사子思(『중용』을 저술하였다고 함)에게 전하였고, 자사의 제자에게서 맹자가 나왔으니 증삼은 도통을 전한 인물로 후세에 종성宗聖이라 불리며 '증자'로 칭송된다.

안회와 그 부친 안로처럼 증자의 아버지인 증석曾晳(증점)도 공자의 문하에 출입하였으니 그야말로 부자가 공자를 섬긴 집안이다. 부친 증석은 낙천적인 성격으로, 공자가 여러 제자들의 포부를 물었을 때 다른 제자들의 외면적인 희망과 달리 "늦은 봄에 봄옷이 이미 이루어지면 어른 대여섯, 어린이 예닐곱과 기수에서 목욕하고 무우대에서 바람쐬고 노래하며 돌아오는 것입니다."(『논어』「선진」)라는 말로 공자의 감탄과 인가를 받은 인물이다.

증자는 『대학』을 저술하였고 특히 효로 유명하다. 증자의 선배인 민자건도 효로 유명하지만 증자도 그에 못지않았다. 『효경』이라는 책도 증자가 저술했다고 전해진다.

효에 관한 증자의 일화는 고전에 많이 전해지고 있으나 그중 하나를 들어 본다.

증자가 부친 증석을 봉양할 때, 식사 때에는 반드시 술과 고기를 준비했다. 식사가 끝나고 상을 물리려고 할 때에 증자는 반드시 증석에게 남은 것을 누구에게 줄 것인가를 물었다. 그리고 증석이 남겨둔 것이 있느냐고 물으면 증자는 반드시 있다고 대답하였다. 그런데 증석이 죽고 이번에는 증자의 아들인 증원曾元이 증자를 봉양하게 되었는데 역시 식사 때마다 반드시 술과 고기를 준비했다. 그러나 식사가 끝나 상을 물리려고 할 때 증원은 남은 것을 누구에게 줄 것인가를 증자에게 묻지 않았고, 증자가 남겨둔 것이 있느냐고 물으면 없다고 대답하였다. 그 이유는 남겨둔 것으로 다시 차려 내려고 했기 때문이다.(『맹자』「이루」상) 증원의 이런 방법은 어버이의 몸만을 기르는 것으로서, 어버이를 섬기는 도리를 다한 것이 못된다. 어버이를 섬기는데 있어서 증자같이 한다면 어버이의 뜻을 기른다고 할 수 있다. 증원은 진정한 효도의 의미를 몰랐던 것이다.

증자는 공자에게서 노둔하다는 평을 받았다.(『논어』「선진」) 그는 자신이 모든 면에서 다른 제자들보다 부족한 것을 잘 알고 있었다. 그래서 일과를 마치고 밤에 잠자리에 들 때면 늘 스스로에게 "남을 위해 일을 도모함에 성실하지 않았던가? 벗과 사귐에 미덥지 않았던가? 스승이 전하여 준 것을 익히지 않았던가?"하고 자문했다.(『논어』「학이」) 자기 자신에 대한 반성, 대인 관계에 대한 반성, 도의 전수에 관한 반성으로서 증자가 자기 수양과 성찰에 투철함을 잘 보여준다.

증자는 공부하는 이에게 있어서 뜻을 세움과 마음가짐이 차지하는 위치가 얼마나 중요한지 인식하고 있었다. 그런 그가 토한 사자후!

> 선비는 마음이 넓고 뜻이 굳세지 않으면 안 되니, 임무는 무겁고 길은 멀기 때문이다. 어짐(仁)으로써 자기의 임무를 삼았으니 또한 무겁지 않은가? 죽은 뒤에 그만두니 또한 멀지 않은가?
>
> (『논어』「태백」)

2,500년이 흘렀지만 읽을 때마다 늘 힘이 솟는 문장으로, 사람을 격동시키는 힘이 있다. 그것은 증자 자신이 체험하고 느낀 것을 진솔하게 글로 나타냈기 때문이리라.

증자는 부족한 점이 많았기에 진리의 길을 감에 있어서 벗의 중요성을 누구보다도 절실하게 느꼈다. 그는 벗과의 사귐에 대해 다음과 같이 강조한다.

> 군자는 글로써 벗을 모으고, 벗으로써 인을 도울 것이다.
>
> (『논어』「안연」)

공자와 증자 사제지간의 관계를 극명하게 보여주는 일화를 당시 상황에 즉해 보도록 하자.

어느 늦은 가을날이었다. 따스한 아침 햇살을 받으며 공자는 노구를 이끌고 교실로 가고 있었다. 안채에서 교실까지 멀지 않은 길을 천천히 걸음을 옮기면서 공자는 생각에 잠겼다. '생각해 보니 이제 내 나이도 어언 일흔이 넘었다. 옛 성현의 뜻을 이어 도탄에 빠진 천하 만민을 구하겠다고 주유천하 하다가 뜻을 이루지 못하고 고국인 노나라로 돌아온 지도 벌써 몇 년이 흘렀다. 그동안 주유천하할 때에 내가 겪고 느낀 점을 정리, 심화하여 나의 생각을 더욱 성숙하게 하였다. 아울러 제자들을 가르치면서 고전의 정리에도 힘을 쏟아 『시경』, 『서경』은 흡족할 만큼 어느 정도 정리가 되었는데, 다만 『주역』은 너무 심오한데다가 건강도 좋지 못하여 아직 제대로 정리가 되지 못하고 있어 아쉬움이 크다. 또한 얼마 전 기린이 나타나 사냥꾼에게 잡힌 일을 계기로 크게 느낀바 있어 노나라의 역사에 나의 정신을 불어 넣어 『춘추』를 집필하고 있는 중이다.'

교실에 들어서서 공자는 먼저 제자들을 죽 둘러보았다. 주유천하 이후에 입문한 제자들이 대부분이다. 바로 자유, 자하, 자장, 유약, 증삼 등이다. 그들은 연부역강年富力强하여 선배들 못지않게 밤으로써 낮을 이어 공부하고 있는 촉망받는 인재들이다. 그러나 공자는 왠지 쓸쓸한 생각이 들었다. 나이 탓일까? 아니면 날씨 때문일까? 그러고 보니 교실이 왠지 텅 빈 것 같다. 비록 못났지만 나를 따랐던 아들 녀석인 리鯉, 늘 성실하였지만 한편으론 안타까웠던 애제자 안회, 든든한 버팀목으로서 제자이자 친구이기도 했던 자로! 그들은 공자에게 아쉬움만 남겨놓고 수년 전부터 차례로 이 세상을 떠나갔다. 그런데 오늘은 유일하게 남아 위로가 되었던 자공마저도 보이지 않는다. 장사하러 위나라나 제나라에 간 것일까? 자공은 공자학단의 모든 경제를 책임지고 있었던 것이다.

공자는 진리 탐구에 빛나는 제자들의 초롱초롱한 눈망울을 보았다. 그들에 기대에 부응하여 오늘도 70여 년간 무르익은 자신의 인생 철리를 열정적으로 강의하여야 한다. 그렇지만 오늘은 왠지 그동안 계속 해오던 『주역』 강의를 하고 싶지 않았다. 공자는 무심히 눈을 들어 밖을 내다보았다. 하늘은 높고 푸르며 흰 구름이 떠가고 있었다. 다시 고개를 돌려 제자들의 면면을 보다가 문득 증삼과 눈이 마주쳤다. 공자는 증삼을 향해 빙그레 미소 지으면서 천천히 그러나 힘있게 말했다.

삼아! 나의 도는 하나로써 꿰었다.(吾道一以貫之)

(『논어』「이인」)

그러자 증삼은 평소와 달리 한 치의 망설임도 없이 즉시

"예. 잘 알겠습니다.(唯)"

라고 대답하였다. 그 말 한마디를 남기고 공자는 예전과는 다르게 강의를 하지 않고 곧바로 자리를 떴다. 거기에 모여 있던 제자들은 전광석화 같은 스승과 제자의 이 문답에 일순 모두가 말을 잃고 어안이 벙벙했다. 한동안 그러고 있다가 정신을 차린 제자들은 너나 할 것 없이 모두들 증삼의 책상 주위를 에워쌌다. 그리고 "선생님께서 무엇을 말씀하신 것인가?"라고 이구동성으로 질문했다. 증삼은 이런 주위상황에는 아랑곳하지 않고 눈을 지그시 감고 무엇인가 깊이 생각하는 듯했다. 동문 제자들은 모두들 증삼의 입만 바라보고 있을 뿐... 한동안 깊은 적막이 흘렀다. 들에서는 간혹 이름 모를 산새들의 지저귐만 들릴 뿐이었다. 침묵을 지키고 있던 증삼이 어느 순간 눈을 번쩍 뜨면서 하는 말 그것은 단지,

선생님의 도는 충忠(성실)과 서恕(남을 내 마음처럼 생각함)일 뿐이네.

이었다.

2부

논어 해석

1. 학이學而

一

"배우고 때로 익히면 또한 기쁘지 않은가? 벗이 먼 곳으로부터 오면 또한 즐겁지 않은가? 남이 알아주지 않아도 섭섭해 하지 않으면 또한 군자답지 않은가?"(공자)

1-1 子曰, "學而時習之, 不亦說乎? 有朋自遠方來, 不亦樂乎? 人不知而不慍, 不亦君子乎?"

- **子자:** 남자의 일반적인 칭호로 공자를 말함(마융)
- **朋붕:** 같은 문하(포함), 도를 같이하는 자(다산)
- **時시:** 황간은 일생에 적당한 때(身中時), 일 년에 적당한 때(年中時), 하루에 적당한 때(日中時)로 보았다.
- **慍온:** 성내다(하안), 마음에 노여움을 품다(주자), 마음에 맺힌 바가 있는 것(다산)
- **君子군자:** 덕을 완성한 이의 명칭(주자), 덕이 있는 이(다산)

해설

배움의 의미

인간이 지상에 태어나는 이유는 배움을 통한 진화를 이루기 위함이다. 지상에 태어나는 인간뿐 아니라 세상의 모든 만물은 자신의 수준에 따라 조금씩 다른 배움을 통해 점차 높은 단계로 세월의 흐름에 따라서 진화하게 되어 있다. 그중 인간은 과거의 경험을 후대에 전달할 수 있는 문자와 언어를 이용하고 있다는 것이 여타 생물과 차이가 있다 할 것이다. 그렇기 때문에 인간이 세월의 흐름 속에서 점차 빠르게 성장할 수 있는 기반을 이루고 있으며 지금과 같은 물질문명을 이룩하였던 것이다.

배움은 인간과 인간의 삶을 통해 전수되는 전통의 배움이 있으며, 문文을 통한 배움이 있다. 나의 가르침은 전통을 통한 삶의 경험을 바탕으로 하여 고대로부터 내려온 다양한 지식을 문文을 통해 배우는 것이었다. 모든 성현들이 같은 방식의 가르침을 전하는 것은 아니며, 각자의 공부 방향과 사명에 따라 다른 과정을 거치게 되어 있다. 나는 그중에서 글을 통해 우주의 진리를 탐구해 나가며, 이를 후대에 전하는 문화로 남기고자 하였던 것이다.

나에게 있어서 배움의 구분은 없으며 만물과 자연의 이치를 알고 실천할 수 있는 모든 것이었다. 또한 배움을 통해 익힌 것을 자신에게서 끝나는 것이 아닌 주변에 나눌 수 있는 능력을 기르는 것도 또한 필요한 것이다. 이것을 통해 시공간을 초월하여 자신의 뜻을 직접적으로 전할 수 있기 때문이다. 시서예악을 포함한 인간의 삶을 풍요롭고 아름답게 할 수 있는 다양한 배움이 필요한 것이니 범위를 한정하는 것은 후대에 이루어진 것이라 할 것이다.

벗이란

배움은 혼자 하는 것에 한계가 있으며, 함께하는 친구들이 있을 때 빠른 속도로 이루어질 수 있다. 또한 자신의 배움을 상호 검증하고 부족한 부분을 채워줄 수 있는 소중한 존재가 바로 벗이라 할 것이다. 동문수학하는 친구이며 대화하며 세상의 이치를 이야기할 수 있는 사람이 바로 벗이다. 그러나 함께 공부하여도 뜻이 달라 대화가 통하지 못한다면 진정한 도반, 벗이라 할 수는 없을 것이다. 자신과 뜻이 통하는 단 한명의 벗이라도 함께 할 수 있다면 인생의 즐거움이 아니겠는가.

군자다움

사람이 배움을 통해 터득하는 첫 단계는 자연의 이치이며, 진리라 할 것이다. 이것을 간혹 이야기하며 대화할 수 있다면 즐거울 것이다. 그러나 배움은 자신의 내면을 채워 주는 힘을 가졌으니 자족할 수 있는 삶을 살아갈 수 있는 힘을 제공해 준다. 그러니 자신을 누군가 알아주기를 바랄 필요가 없다. 진리의 맛을 알아 가니 주변 사람이 아닌 자연과 우주와 통하는 삶을 통해 더 큰 배움과 사랑을 느낄 수 있기 때문이다. 배움의 끝은 사람과 사람의 관계에서 이루어지는 것으로 생각할 수 있으나, 자신의 내면에서 삶의 원천이 되는 힘을 발견하는 것이다. 그것이 바로 중용의 단계이며 하늘과 통하는 단계가 되는 것이다. '일이관지一以貫之'는 하늘과 통하는 삶이며, 하늘의 뜻과 나의 뜻이 다르지 않고 일치되는 단계를 이야기하는 것이다. 세상을 좁은 인간의 눈이 아닌 하늘의 눈으로 바라보는 것은 참사랑을 통해 가능한 것이니, 군자가 이를 터득하지 못하고 있다면 군자라 할 수 없다.

참 공부의 수준은 인간이 알아주지 않으면 하늘이 관심을 가지고 지켜보며 아낌없는 사랑을 주게 되어 있다. 군자의 삶은 평범한 일상에서 자족을 통해 발현되는 힘을 가지고 있다. 내면의 행복을 통해 맑고 밝은 빛이 주변으로 확산될 수 있다면 그보다 좋은 것이 무엇이겠는가!

본 장은 『논어』 「요왈」 3장과 함께 『주역』의 첫 번째 괘인 중천건重天乾괘(䷀)와 연계지어 볼 수 있다.(「위정」 4장 참조) 건괘는 하늘이 위아래 두 개 겹쳐있는 형상으로 강건함, 진취성을 의미한다. 괘사卦辭와 대상전大象傳을 참고로 제시한다.(이하 각장 동일함)

건괘는 크게 형통하고 바르게 함이 이롭다.(괘사)

하늘의 움직임은 굳건하다. 군자는 이것을 본받아 스스로 굳세고자 노력하며 쉬지 않는다.(대상전)

또한 본 장은 『주역』의 58번째 괘인 중택태重澤兌괘(䷹)와 연계지어 볼 수 있다.(「술이」 19장 참조) 태괘는 연못이 위아래 두 개 겹쳐있는 형상으로 기쁨, 즐거움을 의미한다.

태괘는 형통하니 바르게 하는 것이 이롭다.(괘사)

연못과 연못이 연결되어 있는 것이 태괘의 형상이다. 군자는 이것을 본받아 벗들과 함께 강론하고 익힌다.(대상전)

참고로 『논어』와 『주역』의 관계를 잘 보여주고 있는 학산鶴山 이정호李正浩선생의 학설을 제시한다.

주역			논어			공자가어
상구	항룡	성인	지언	성인	불유구	천(?)
구오	비룡	대인,성인	지례	현인	이순	성인
구사	혹약	군자	지명	군자	지천명	현인
구삼	군자	군자	불온	군자	불혹	군자
구이	현룡	군자	붕원방래	락	립	사인
초구	잠룡	군자	학이시습	열	지학	용인

이정호, 『주역정의』, 4쪽(아세아문화사) 참조

* 『공자가어』 부분은 필자가 추가한 것임

二

"군자가 무겁지 않으면 위엄이 없고 배워도 견고하지 않다. 성실과 신의를 주로 하며, 자기만 못한 사람을 벗으로 삼지 말며, 허물이 있으면 고치기를 꺼리지 말라."(공자)

1-8 子曰, "君子不重, 則不威, 學則不固. 主忠信, 無友不如己者, 過則勿憚改."

- **固고**: 가리어지다(蔽. 공안국), 마땅하다(當. 황간), 견고하다(하안, 주자)
- **主주**: 親친하다(정현), 守수, 宗종(다산)
- **憚탄**: 어려워하다(정현), 두려워하고 어렵게 여김(주자)

해설

벗의 자격

사람은 누구나 본받을만한 점을 하나씩은 가지고 있는 법이다. 자신을 낮추면 타인의 장점과 훌륭한 점이 보이는 법, 그러나 자신의 잘남에 가려 타인을 낮추어 보는 것이 보통의 사람들이다. 그리고 벗은 함께 공부하며 가르침을 주고받을 수 있는 도반이다. 서로가 서로에게 가르침을 주고 힘들 때 격려해 주고 어려울 때 함께 할 수 있으며, 호연지기를 함께할 사람이다. 그러니 벗은 많아도 좋은 것이 아니며, 한명을 사귀어도 평생을 함께할 수 있는 사람을 찾아야 할 것이다. 자신과 나이가 비슷하고 고향이 비슷하며, 학교를 함께 다닌다 하여 진정한 친구라 할 수 없을 것이다.

친구이자 벗은 인생을 살아가는 동안 멀리 떨어져 있어도 가까이 있는 것과 같은 사람이다. 굳이 소식을 전하지 않아도 가끔 생각하며 공부하는 동안 마음과 마음이 통하게 되어 있다. 넓은 의미의 벗은 자신을 낮추어 배움을 얻을 수 있는 존재이며, 좁은 의미의 벗은 함께 공부하며 호연지기를 키우는 도반과 같은 존재라 할 것이다.

본 장은 『주역』의 62번째 괘인 뇌산소과雷山小過괘(䷽)와 연계지어 볼 수 있다. 소과괘는 위는 우레 아래는 산의 형상으로 조금 지나침, 작은 과실을 의미한다.

소과괘는 일이 형통할 수 있으나 바르게 하는 것이 이롭다. 작은 일은 할 수 있고 큰일은 할 수 없다. 나는 새가 소리를 남긴다. 위로 올라가려고 하면 안 된다. 아래로 내려가려고 하면 크게 길하다.(괘사)

산 위에서 우레가 퍼지는 것이 소과괘의 형상이다. 군자는 이것을 본받아 행동은 지나치게 공손하고, 초상은 지나치게 애통하고, 쓰는 데는 지나치게 검소하게 한다.(대상전)

본 장과 관련된 장을 참고로 예시한다.(이하 각장 동일함)

참고

"끝났구나! 나는 아직까지 그 잘못을 보고 안으로(마음속으로) 스스로 꾸짖는 자를 보지 못하였다."(공자)

(5-27 子曰, "已矣乎! 吾未見能見其過而內自訟者也.")

2. 위정爲政

一

"정치를(하는 자가) 덕으로써 하는 것은 비유하면 북극성이 제자리에 있으면 뭇 별들이 그것을 향하는 것과 같다."(공자)

2-1 子曰, "爲政以德, 譬如北辰居其所, 而衆星共之."

• **共공**: 향하다(주자), 拱공(정현)으로 보기도 한다. 형병은 尊존으로, 다산은 同동으로 보았다.

* 다산은 '衆星共之중성공지'는 뭇 별이 천추(북극성)와 함께 도는 것이며 無爲무위의 뜻이 아니라고 보았다.

해설

덕치와 현대화

덕치는 베풀 줄 아는 것에서 시작하는 것이다. 자신의 지혜를 백성들에게 나누어 줄 수 있으며, 자신의 부富를 세상을 향해 내어 놓을 수 있을 때 가능한 것이다. 가지고자 하는 자들이 정치를 하면 얻기 위한 욕망에서 자유롭지 못하여 부정이 되는 것이다.

과거의 인재들은 백성을 바르게 하는데 자신의 뜻을 다하였으며, 이끌어 나아가는 존재였다. 시대가 흐르며 인재는 세상 속에 존재하고 있으니, 자신이 길을 인도하는 것이 아닌 시대가 되었음을 먼저 알아야 한다. 인재들이 자신의 뜻을 펼치고, 최대의 능력을 발휘할 수 있도록 지켜봐 주고 지원해 줄 수 있어야 할 것이다. 무엇보다 덕은 자신의 마음의 넉넉함과 무욕에서 나오는 것이니 스스로 자족을 알 때 가능하다. 스스로를 비우고 마음을 연다면 그 어떤 것이라도 담을 수 있을 것이다.

덕은 자족에서 시작하고, 여유를 통해 이루어지는 것임을 알아야 한다. 그러나 만족하지 못하고 부족함 속에서 욕망을 채우는 것에 집착하는 이들이 점차 많아지고 있으니, 바른 길을 가는 사람들이 이상하게 보이는 경우가 많을 것이다. 세상의 잣대가 아닌 자신의 양심으로 사람을 보려는 노력을 통해 덕치는 시작될 수 있을 것이다. 양심을 밝히는 것은 세상을 바르게 하는 데 가장 중요한 덕목이다.

북극성은 제자리를 지키고 있는 상징으로 정치를 위해서는 기준이 필요함을 의미하는 것이다. 잊고 있어도 그 자리에 있어 중심을 잡아 줄 기준점이 있다면 마음의 안정을 통해 큰 과오는 저지르지 못하게 되어 있다.

본 장은 『주역』의 19번째 괘인 지택림地澤臨괘(䷒)와 연계지어 볼 수 있다. 림괘는 위는 땅 아래는 연못의 형상으로 다스림을 의미한다.

림괘는 크게 형통하고 바르게 하는 것이 이롭다. 8월에 이르러선 흉함이 있을 것이다.(괘사)

연못 위에 땅이 있는 것이 림괘의 형상이다. 군자는 이것을 본받아 가르치고자 하는 생각이 다함이 없고 백성을 포용하고 살피고자 하는 마음이 끝이 없다.(대상전)

참고

1. 계강자가 묻기를 "백성으로 하여금 공경하고 충성하고 선행에 힘쓰게 하려면 어떻게 해야 합니까?"
공자: "씩씩함으로써 대하면 공경하고, 효도하고 자애로우면 충성하고, 착한 자를 등용하고 잘하지 못한 자를 가르치면 (백성은) 선행에 힘쓰게 됩니다."

(2-20 季康子問, "使民敬忠以勸, 如之何?" 子曰, "臨之以莊則敬, 孝慈則忠, 擧善而敎不能則勸.")

2. 공자가 안연에게 일러 말하였다.
"쓰면 행하고 버려두면 간직하니, 오직 나와 네가 이것을 가지고 있다."
자로: "선생님이 삼군三軍을 통솔하신다면 누구와 함께 하겠습니까?"
공자: "호랑이를 맨손으로 잡으며 황하를 걸어서 건너 죽어도 뉘우침이 없는 자와는 내가 함께 하지 않는다. 반드시 일에 임하여 두려워하며 도모함을 좋아하고 이루는 자와 함께 할 것이다."

(7-11 子謂顔淵曰, "用之則行, 舍之則藏, 唯我與爾有是夫!" 子路曰, "子行三軍, 則誰與?" 子曰, "暴虎馮河, 死而無悔者, 吾不與也. 必也臨事而懼, 好謀而成者也.")

二

"『시』 삼백 편을 한마디로 요약한다면 '생각에 간사함이 없다'는 것이다."(공자)

2-2 子曰, "詩三百, 一言以蔽之, 曰, '思無邪'."

- **詩三百시삼백**: 원래는 311편이나 개략적으로 말한 것이다.
- **蔽폐**: 주자는 蓋개(덮다), 韓愈한유와 다산은 斷단(단정하다), 포함은 當당(해당하다), 정현은 塞색(덮어씌우다)으로 보았다.
- **思無邪사무사**: 『시경』「魯頌노송」'駉篇경편'의 구절. 원래는 노나라 임금이 말 기르는 데 힘써 말이 번성함을 노래한 시이다. 바른 곳으로 돌아가다(포함), 정성(誠. 정자)

* 다산은 성호 이익의 설을 인용해 311편 중 6편은 笙詩생시이고 5편은 商頌상송인데, 생시는 본래 辭사가 없었고 상송은 前代전대의 시였으므로 시의 편수에 포함되지 않아 시는 오직 300편이라고 하였다.

해설

『역』, 『서』, 『춘추』와 공자사상의 핵심

『역』을 한마디로 요약한다면 순환하는 것이다. 자연의 순환 속에서 자신의 삶도 순환함을 알게 될 것이다. 『시』가 생각에 간사함이 없다면 『서』는 생각의 무한함이다. 올바른 생각도 잘못된 생각도 끝없는 길을 따라 우주 끝까지 이어질 수 있는 것이니, 『서』를 통해 자신의 안과 밖의 우주와 통할 수 있을 것이다. 『춘추』는 역사의 기억이다. 잊어도 경험의 흔적으로 남아 있으니 잊었다 할 수 없을 것이다. 내가 흔적을 보지 못하고 읽지 못하는 것은 나의 수준이 낮아서 그런 것이지 흔적이 사라져 그런 것은 아니다. 또한 세상의 흔적을 있는 그대로 바라보는 것으로 끝나면 의미가 없는 것이며, 공부하는 입장에서는 흔적을 보고 세상의 흐름을 판단할 수 있어야 할 것이다. 이를 통해 자신의 주관이 확립되는 것이다.

나의 사상을 한마디로 요약한다면 배움을 통한 성장이라고 표현할 수 있다. 배움의 대상이 인간사회와 자연에서 하늘로 확장되어 가는 것이 바로 성장이며, 진화라 할 것이다. 즉 배움을 통한 진화라 하면 좋겠다.

본 장은 『주역』의 25번째 괘인 천뢰무망天雷无妄괘(䷘)와 연계지어 볼 수 있다. 무망괘는 위는 하늘 아래는 우레의 형상으로 순수함을 의미한다.

무망괘는 크게 형통한다. 바르게 행동해야 이롭다. 바른 행동이 아니면 재앙이 있으니 가서 일을 하는 것이 불리하다.(괘사)

하늘 아래에 우레가 울리며 사물들에 순수한 본성을 부여한다. 옛날의 성왕이 이것을 본받아 알맞은 때에 만물을 육성하였다.(대상전)

三

"나는 열다섯에 학문에 뜻을 두었고, 서른에 자립하였고, 마흔에 판단에 혼란을 일으키지 않았고, 쉰에 천명을 알았고, 예순에는 귀로 듣는 것이 거슬림이 없게 되었고, 일흔에는 마음이 하고자하는 바를 따라도 법도를 넘지 않았다."(공자)

2-4 子曰, "吾十有五而志于學, 三十而立, 四十而不惑, 五十而知天命, 六十而耳順, 七十而從心所欲, 不踰矩."

- **耳順이순:** 귀로 그 말을 듣고 그 은미한 뜻을 아는 것(정현), 말이 귀에 거슬리지 않는 것(다산), 하늘의 말씀을 듣게 됨.
- **矩구:** 네모난 것을 그리는데 쓰는 자.

* 공자 만년의 술회로서 인격 성숙 과정을 볼 수 있는 매우 중요한 기술이다.

해설

지학志學

세상의 진리를 알아 가는 방법은 다양한 방법이 있을 것이다. 어떤 이는 자연과 교감을 통해 진리를 터득하는 것이 가능하고, 어떤 이는 글을 통해 선각자들의 깨우침을 터득하는 경우도 있다. 나는 과거로부터 전해져 내려오는 다양한 글과 전통을 통해 역사 속에

숨겨진 사실들을 알 수 있었다. 「위정」편은 나의 삶을 요약하여 말한 것이다. 여기서 학문이란 본격적으로 글을 익히고 참뜻을 알기 위해 노력하였음을 의미한다. 더 어릴 적에 글을 배우지 않은 것은 아니나, 깊이 있는 공부를 할 수 있는 여건이 되지 않았기 때문이다. 배움에는 때가 있다는 것은 자신의 내면에서 배우고자 하는 욕망과 열망이 생기는 시점을 의미한다. 이때 스스로 노력한다면 그전의 노력에 비하여 몇 배의 성과를 이룰 수 있기 때문이다.

이립而立

지상에 한 인간으로 태어난다는 것은 홀로서기를 위한 시험이다. 인간은 여타 동물과 달리 오랫동안 부모와 가족 등 주변의 도움을 받아야 생존이 가능하다. 이 단계를 넘어선다 하여도 스스로 홀로 지낼 수 있는 정신적 안정을 찾는다는 것은 쉽지 않다. 자립은 육체적, 정신적, 경제적 자립을 기반으로 하는데 나는 서른이 넘어서야 이 모두를 충족할 수 있었다. 특히 건강한 몸으로 태어나 육체적인 문제는 없었다. 하지만 홀어머니와 생활하면서 경제적으로는 스스로 노력하지 않으면 생계가 곤란한 상황이 되었다. 그래도 노력하면 해결될 수 있는 부분이 많았다. 당시가 전쟁이 많던 시절이라 하여도 타인의 종이 아닌 독립적으로 살아갈 수 있는 환경이었기에 가능하였다. 하지만 주변 사람에게 심적인 의지 없이 지낸다는 것은 쉽지 않은 일이다. 자립은 주변에 의지하지 않는 독립된 삶을 의미한다. 주변에 기대하지 않는 것은 홀로서기를 위한 기본이 되기 때문이다. 모든 것에서 자립을 통해 자신감은 증폭되는 것이며, 자신만의 길을 갈 수 있는 여건이 만들어지는 것이다.

불혹不惑

사람은 누구나 판단을 하며 살아가고 있다. 어떤 판단을 하든 자신의 책임이 따르게 되어 있다. 다양한 공부를 하는 과정에서 세상의 진리가 보이기 시작하였다. 그 과정에서 세상의 이치에 따라 적절한 판단을 할 수 있었기에 주변 상황에 흔들리지 않고 양심에 따라 판단할 수 있었다. 처음에는 실수가 있었으나 나중에는 어떠한 판단을 하여도 주변에 영향을 받지 않을 수 있었다. 이것은 주변에 기대하지 않는 마음을 기반으로 하며 세상의 이치를 밝혀 양심이 밝아졌을 때 가능한 것이다. 주변에 바라는 것이 있다면 그들의 눈치를 볼 수밖에 없으니 판단에 실수가 따르게 된다. 이점을 꼭 기억해야 할 것이다.

지천명知天命

세상의 이치를 안다 하여도 자신의 삶을 모두 알 수 있는 것은 아니다. 또한 인간은 어떤 이치로 태어나고 죽는지 안다는 것은 쉬운 일이 아니다. 계속되는 공부를 통해 세상의 이치가 보이기 시작한지는 오래 되었으나, 내가 어떤 삶을 살아가야 하고, 지금 왜 이런 삶을 살아가고 있는지는 알지 못하는 부분이 조금씩 있었다. 쉰이란 나이는 적지 않지만 그래도 세상의 이치에 맞는 삶을 살아가고 있다고 자부하던 어느 날 나는 지상에 태어나고 무엇을 해야 하는지 알 수 있었다. 그래서 고향이 아닌 세상 속으로 여행을 떠났던 것이다.

천명이라는 것을 쉽게 말하는 것은 어려운 일이다. 그래도 굳이 당시 생각을 말한다면 세상의 이치를 안다는 것은 하늘의 운행 원리를 아는 것이나, 하늘의 원리는 인간에게 와 닿을 때 예상치 못한 변화가 일어나는 경우가 종종 발생하는데 이것 또한 자연스러운 현상이라는 것이다. 그래서 하늘의 순행하는 원리가 어떤 상황에서 역리逆理로 변화되고, 그 과정에서 일어나는 인간의 삶을 살펴보아야 온전한 지상에서 인간의 삶을 알 수 있으리라는 것이다. 그래서 평소 익숙한 고향의 삶을 떠나 여러 나라의 다양한 군주들을 만나고자 길을 떠난 것이다. 아는 것을 직접 몸으로 터득하는 과정이라 보면 될 것이다.

이순耳順

인간은 어느 순간부터 귀로 들려오는 단순한 음파에 현혹되는 경우가 많다. 하지만 인간은 말과 속마음이 다른 경우가 많이 있다. 그래서 말이 풍기는 느낌에 따라서 그 말을 다르게 해석하기도 하는 것이 인간계의 이치이다. 이것은 지상에서 살아가는 다른 동식물에서는 불가능한 것이다. 이것이 바로 인간의 위대성이 될 수도 있고, 동물보다 못한 삶을 살 수도 있는 양면성이라 할 것이다. 세상의 이치를 알고, 느끼고 통하게 되다 보면 들리는 것, 보이는 것 자체에 연연하지 않게 된다. 즉 오감으로 전달되는 정보 이전에 느낌을 통해 내면으로 전달되는 파장을 알 수 있게 되는 것이다. 그래서 주변에서 전하는 말에 현혹되지 않음을 말한 것이다. 누구나 자신의 내면으로 통하는 진리에 도달하고 홀로 설 수 있는 힘을 가지게 되면 주변의 판단이나 희로애락에 영향을 받지 않게 될 것이다.

종심從心

인간은 자신의 범위가 영성에 따라 차이가 있다. 몸과 영혼을 자신이라 할 수도 있으며, 자신의 본성까지도 자신이라 할 수 있다. 다양한 방법으로 본성과 통하고 본성과 합일되는 과정을 거치게 되면 어떤 행동을 해도 본성의 뜻에 따른 행동이 될 수 있다. 이를 모르는 범부의 입장에서는 이해할 수 없는 행동이 될 수도 있다. 하지만 그 행동을 하는 당사자의 입장에서는 모든 것이 천리에 따른 행동이 되는 것이다. 하늘의 법도에 따라 때에 맞게 행동하였음을 의미하는 것이다. 이것이 가능하게 되어 있는 것이 인간의 위대함이다.

본 장은 『주역』의 첫 번째 괘인 중천건重天乾괘(䷀)와 연계지어 볼 수 있다.(「학이」 1장 참조) 건괘는 하늘이 위아래 두 개 겹쳐있는 형상으로 강건함, 진취성을 의미한다.

건괘는 크게 형통하고 바르게 함이 이롭다.(괘사)

하늘의 움직임은 굳건하다. 군자는 이것을 본받아 스스로 굳세고자 노력하며 쉬지 않는다.(대상전)

四

"그가 하는 것을 보고 그가 하는 이유를 관찰하고 그가 편안히 여기는 것을 살피면 (그) 사람이 어찌 숨기겠는가? (그) 사람이 어찌 숨기겠는가?"(공자)

2-10 子曰, "視其所以, 觀其所由, 察其所安, 人焉廋哉? 人焉廋哉?"

- **以이:** 用용(하안), 爲위(주자), 원인(因. 다산)
- **由유:** 겪는 것(經. 하안, 다산), 從종(주자), 行행(『집주』 일설)
- **安안:** 즐거워하는 것(주자), 그쳐서 옮기지 않는 것(다산)

해설

사람의 평가

사람은 누구나 시시각각 자신의 수준에서 바라보고 자신의 수준에 맞추어 평가를 하려 한다. 공부하고 있는 사람이라면 어찌 할 것인가? 자신의 수준이 아닌 자신이 공부하고 추구하고 있는 수준에서 바라보아야 한다. 유학을 공부하는 사람이라면 성인은 어찌 보고 있는가?를 생각해야 하는 것이다. 즉 하늘의 입장에서 바라보면 그대로 드러나도록 되어 있다. 하늘은 자연과 통하니 사람의 모든 행동은 자연에 그 흔적을 통해 시간이 지나도 모든 것을 알 수 있다. 사람이 양심에 따라 행동하는가를 볼 수 있다면 자신이 먼저 양심에 따라 행동하게 될 것이다. 평가를 하고 싶다면 자신의 양심을 밝힌 후 바라보는 것이 바로 하늘의 입장에서 바라보는 것임을 기억하면 될 것이다.

본 장은 『주역』의 20번째 괘인 풍지관風地觀괘(䷓)와 연계지어 볼 수 있다. 관괘는 위는 바람 아래는 땅의 형상으로 관찰, 통찰을 의미한다.

관괘는 술을 땅에 뿌렸으니 제물을 올리지는 않았다. 진실한 마음으로 우러러 보아야 한다.(괘사)

바람이 땅 위에 부는 것이 관괘의 형상이다. 옛날의 성왕은 이것을 본받아 지방을 살피고 백성을 관찰하여 가르침을 베풀었다.(대상전)

참고

1. "부모가 살아계실 때는 그(자식)의 뜻을 보고 부모가 돌아가셨을 때는 그의 행실을 보니, 삼 년 동안 부모가 하던 방법을 고침이 없어야 효도한다고 말할 수 있다."(공자)

(1-11 子曰, "父在觀其志, 父沒觀其行, 三年無改於父之道, 可謂孝矣.")

2. "윗자리에 머물러 너그럽지 않으며 예를 행하는데 공경하지 않으며, 상례를 당하여 슬퍼하지 않으면 내가 무엇으로써 그를 보겠는가?"(공자)

(3-26 子曰, "居上不寬, 爲禮不敬, 臨喪不哀, 吾何以觀之哉?")

3. 재여가 낮잠을 잤다.
공자: "썩은 나무를 조각할 수 없으며, 거름흙으로 만든 담장을 흙손질 할 수 없으니 재여에게 어찌 나무라겠느냐?"
공자: "처음에 내가 사람을 대할 때는 그 말을 듣고 그 행동을 믿었는데 지금 내가 사람을 대할 때는 그 말을 듣고 그 행동을 보니 재여에게서 이 점을 고치게 되었다."

(5-10 宰予晝寢. 子曰, "朽木不可雕也, 糞土之牆不可杇也, 於予與何誅?" 子曰, "始吾於人也, 聽其言而信其行, 今吾於人也, 聽其言而觀其行. 於予與改是.")

4. "너희들은 어찌하여 시를 배우지 않느냐? 시는 감흥을 일으킬 수 있으며, (정치의 득실을) 볼 수 있으며, 무리 지을 수 있으며, 원망할 수 있으며, 가까이는 부모를 섬기며 멀리는 임금을 섬기고, 새 짐승과 풀 나무의 이름을 많이 알게 된다."(공자)
공자가 백어에게 말하기를 "너는 「주남」과 「소남」을 배웠느냐? 사람으로서 「주남」과 「소남」을 배우지 않으면 그것은 마치 담장을 바로 보고 서 있는 것과 같을 것이다."

(17-8 子曰, "小子何莫學夫詩? 詩, 可以興, 可以觀, 可以羣, 可以怨. 邇之事父, 遠之事君, 多識於鳥獸草木之名." 子謂伯魚曰, "女爲周南召南矣乎? 人而不爲周南召南, 其猶正牆面而立也與.")

五

자장이 여쭈기를 “십 세(열 왕조)를 알 수 있습니까?”
공자: “은나라가 하나라 예를 따랐으니 덜며 더한 것을 알 수 있으며, 주나라가 은나라 예를 따랐으니 덜며 더한 것을 알 수 있다. 혹 주나라를 이을 자가 있다면 비록 백세라도 알 수 있다.”

2-23 子張問, “十世可知也?” 子曰, “殷因於夏禮, 所損益, 可知也, 周因於殷禮, 所損益, 可知也. 其或繼周者, 雖百世, 可知也.”

- **世세**: 왕조가 바뀌는 것, 역성혁명. 王者왕자가 姓성을 바꾸어 천명을 받는 것(주자)
- **也야**: 육덕명은 어떤 본에는 ‘乎호’로 되어 있다고 하였다.
- **因인**: 襲습(다산)

* 인습한 것은 三綱五常삼강오상, 손익한 것은 文質三統문질삼통(하은주 삼대의 正朔정삭으로 天統천통, 地統지통, 人統인통)이다.(마융)

해설

인류의 미래

세상은 순리가 아닌 듯하여도 순리에 따라 흘러가고 있음을 알 수 있다. 강이 높고 깊은 산속에서 시작하여 시냇물이 되고 강이 되어 바다로 흘러가는 것을 익히 보았을 것이다. 과거의 시작을 알고 지금까지 흘러온 길을 알며 앞으로 나아갈 길도 대략은 알 수 있는 것이 우주의 법칙이다. 이것을 알고자 하는 것이 공부의 한 방법이 될 것이다.

특정 구절에 매이지 말고 『주역』을 해설한 십익을 깊이 있게 읽다 보면 우주의 섭리가 보이기 시작할 것이니 이를 통해 앞으로 세상의 변화를 대략은 알 수 있는 것이다. 십익은 우주의 이치, 하늘의 이치를 공부하는데 필요한 토대를 만들어 주었던 것이다. 당시 내가 『주역』을 공부하면서 익혔던 것을 후대인들이 조금 더 쉽게 공부 할 수 있도록 돕고자 한 것이니, 올바로 이해한 이들은 우주와의 만남을 이루었다. 그러나 미래만을 쫓는 이들에게는 우주와 만남이 쉽게 이루어지지 않았음을 알아야 한다.

『주역』이나 십익을 통해 우주와 만나고 자신과 만남에 더욱 깊은 가치를 두고 공부를 하는 것이 필요한 시점이다. 우주를 알아도 자신을 모르면 공부의 끝이 길지 못함을 알고, 참 자신과 만남을 통해 우주를 찾아야 할 것이다. 그 단계에서 보면 그 어디에도 인류의 나아갈 길이 있음을 알 수 있을 것이다.

본 장은 『주역』의 16번째 괘인 뇌지예雷地豫괘(䷏)와 연계지어 볼 수 있다. 예괘는 위는 우레 아래는 땅의 형상으로 미래를 통찰함, 기쁨을 의미한다.

예괘는 제후를 임명하고 군대를 움직여도 이롭다.(괘사)

우레가 땅에서 나와 위세를 떨치는 것이 예괘의 형상이다. 옛날의 성왕이 이것을 본받아 음악을 제작하여 덕을 숭상하고 상제에게 바치고 조상을 배향하였다.(대상전)

3. 이인里仁

一

"군자는 천하에 대하여 옳은 것도 없으며 옳지 않는 것도 없고 의를 따를 것이다."(공자)

4-10 子曰, "君子之於天下也, 無適也, 無莫也, 義之與比."

- **適적**: 貪탐함(정현), 厚후함(형병), 오로지 주장함(주자), 可가(사양좌)
- **莫막**: 그리워함(慕. 정현), 薄박함(형병), 즐겨하지 않음(주자), 不可불가(사양좌)
- **比비**: 친함(형병), 따름(주자), 비교하다(較. 다산)

해설

의義의 의미

인간이 가야할 곳은 우주이며, 자신의 마음이다. 우주는 보이는 우주와 보이지 않는 우주가 있으니, 보이는 우주의 끝을 찾아 나서는 것은 범인의 방법이고, 보이지 않는 우주인 자신의 마음을 찾아 나서는 것은 공부하는 자의 길이다.

군자는 자신의 마음에서 하늘과 우주를 찾아가는 사람이며, 선악의 분별은 보통 사람이 보통의 삶에서 선善을 찾아 가는 방법을 제시할 때 사용하는 학습법이라 할 것이다. 선악을 넘어 중용의 단계, 즉 도의 단계에 이르기 위해서는 선과 악의 중간 지점을 찾아 가야 하는 것이다. 군자가 의를 따르는 것은 바로 우주를 찾아 가고자 하는 것을 의미하는 것이다. 옳다는 것은 무엇인가? 선악의 분별에서 선을 찾아 가는 것이 1단계 옳음이라 할 것이며 도덕을 통해 예를 통해 의義를 추구하는 것이다. 의義는 진리이며 우주의 법칙이니 자신의 수준에 따라서 달리 보이는 것이다.

군자는 의義를 찾아 가는 방법을 알고, 실천하는 사람이다. 의는 인간이 진리를 찾아 가는 방향이며, 우주로 향하는 방향이다. 의는 진리를 찾는 이들의 나침반이며, 기준점이다. 의는 자신의 수준에 따라 달라지는 지침이니, 무엇을 추구하며 무엇을 말하는가에 따라서 자신의 수준을 나타내도록 되어 있다. 보이는 것이 진리이며, 보이지 않는 것이 진리가 되면 군자라 할 수 있을 것이다.

본 장은 『주역』의 여덟 번째 괘인 수지비水地比괘(䷇)와 연계지어 볼 수 있다. 비괘는 위는 물 아래는 땅의 형상으로 친밀한 관계를 의미한다.

비괘는 길하나 처음 점을 치되 크게 길이 바르게 해야 허물을 짓지 않는다. 편안하게 여기지 않던 사람들도 바야흐로 와서 사귀려

한다. 늦게 오는 사람은 흉하다.(괘사)

땅 위에 물이 있는 것이 비괘의 형상이다. 옛날의 성왕이 이것을 본받아 여러 나라를 세우고 제후들과 친밀하게 교류하였다.(대상전)

참고

"군자는 두루 사귀고 치우치지 않고, 소인은 치우치고 두루 사귀지 않는다."(공자)

(2-14 子曰, "君子周而不比, 小人比而不周.")

4. 공야장公冶長

一

공자가 공야장을 평가하기를 "(딸을) 아내로 줄만하다. 비록 감옥 속에 있었으나 그의 죄는 아니다." 하고 그 딸을 아내로 주었다.

5-1 子謂公冶長, "可妻也. 雖在縲絏之中, 非其罪也." 以其子妻之.

• **公冶長공야장**: 공자의 제자, 노나라 사람
• **妻처**: 남편 될 사람에게 시집보내는 것(형병)
• **縲絏누설**: '누'는 검은 끈, '설'은 묶는 것으로 죄인을 구속하는 것(공안국)
* 공야장은 새소리를 알아들어 포승으로 묶여 갇혔다고 한다.(황간)

해설

공야장의 죄

사람이 살아가다 보면 크고 작은 잘못을 하게 되어 있다. 이때 자신이 원하여 이루어지는 경우, 타인의 지시로 이루어지는 경우, 알지 못하여 이루어지는 경우 등 다양한 유형의 잘못이 있을 것이다.

그러나 타인의 입장에서는 잘못으로 생각되어도, 인간의 도의적 측면에서 본다면 죄가 아닐 수 있다. 인간의 잘못은 언제나 양심의 차원에서 바라볼 필요가 있으며, 주관적이 아닌 객관적 관점에서 바라보아야 한다. 그러나 인간은 자신 위주의 생각과 감정을 가지고 살아가는 경우가 많아 타인을 비난하고 자신의 잘못을 남에게 돌리는 것도 가능하게 되어 있다. 그래서 이러한 위험을 이용하여 이익을 취하고자 하는 이들을 간신배, 사기꾼이라 칭하기도 하는 것이다. 공야장의 경우 당시 관리들의 지시를 제대로 따르지 않은 것이며, 사람의 도리에 맞지 않기에 행하지 않아 죄를 추궁받은 것이다.

공야장의 경우 타인의 물건을 갈취하지 못한 잘못이 있는 것이다. 권력이 있는 자들은 자신의 권력을 이용하여 가난하고 미천하다 생각하는 이들에게 가혹한 세금과 노동을 강요하는 경우가 많던 시절이었다. 이때 관리로서 일했던 것으로 부당한 세금을 거두어 들이지 못하고 항의했기에 권위에 대한 도전, 권력에 대한 도전으로 간주하여 감옥에 있었던 것이다. 그래서 그의 잘못이 아니라 한 것이다.

본 장은 『주역』의 54번째 괘인 뇌택귀매雷澤歸妹괘(䷵)와 연계지어 볼 수 있다. 귀매괘는 위는 우레 아래는 연못의 형상으로 혼인을 의미한다.

귀매괘는 적극적으로 시집가려고 하면 흉하고 이로운 것이 없다.(괘사)

연못 위에 우레가 울리는 것이 귀매괘의 형상이다. 군자는 이것을 본받아 죽을 때까지 바른 도를 지키고 폐단을 알아 대비한다.(대상전)

二

공자가 칠조개로 하여금 벼슬하게 하니 대답하기를 "저는 이것(벼슬 하는 것)에 아직 자신이 없습니다."라고 하니 공자가 기뻐하였다.

5-6 子使漆彫開仕. 對曰, "吾斯之未能信." 子說.

- **漆彫開칠조개:** 공자의 제자. 성은 칠조, 이름은 개
- **斯사:** 이 이치(주자), 벼슬하는 것(다산)
- **說열:** 기뻐함, 悅열과 같다.

해설

칠조개와 믿음

사람이 나라를 다스리는 역할을 하기 위해서는 다양한 능력이 필요하다. 사람의 마음을 읽고 편안하게 할 수 있는 안목이 필요한 경우가 있고, 세상의 흐름을 읽고 이에 따라 정책을 입안하고 끌고 갈 필요가 있는 경우가 있으며, 지도자를 보좌하여 전달하는 능력이 필요한 경우가 있으며, 나라를 지키기 위해 무武를 사용할 수 있는 용맹이 필요한 경우가 있으니, 합당한 능력을 가지고 있다면 능력을 발휘하여 스스로의 능력을 검증하는 것도 필요할 것이다. 칠조

개의 경우 배움을 통해 능력을 시험해볼 필요가 있어 벼슬을 권한 것이다. 사람의 마음을 읽고 편안한 분위기를 만들기 위한 덕행이 있어 이를 귀히 여긴 것이다.

본 장은 『주역』의 61번째 괘인 풍택중부風澤中孚괘(䷼)와 연계지어 볼 수 있다. 중부괘는 위는 바람 아래는 연못의 형상으로 믿음, 진실을 의미한다.

중부괘는 돼지와 물고기 같은 제물을 올려도 길하다. 큰 강을 건너는 것이 이롭고 바르게 하는 것이 이롭다.(괘사)

연못 위에 바람이 부는 것이 중부괘의 형상이다. 군자는 이것을 본받아 옥사를 의논하고 사형을 경감한다.(대상전)

참고

1. "젊은이들은 집에 들어오면 효도하고 밖에 나가면 공손하며, (행동을) 삼가고 (말을) 미덥게 하며, 널리 많은 사람을 사랑하고 어진 사람을 친해야 한다. (이 모든 것을) 행하고 남은 힘이 있으면 글을 배울 것이다."(공자)

(1-6 子曰, "弟子入則孝, 出則悌, 謹而信, 汎愛衆, 而親仁. 行有餘力, 則以學文.")

2. "사람으로서 믿음이 없으면 어디에 쓸까 모르겠다. 큰 수레에 끌채가 없으며 작은 수레에 멍에막이가 없다면 무엇으로써 가겠는가?"(공자)

(2-22 子曰, "人而無信, 不知其可也. 大車無輗, 小車無軏, 其何以行之哉?")

3. "전하여 기술만 하고 창작하지 않으며 옛것을 믿고 좋아함을 가만히 우리 노팽에게 비교해본다."(공자)

(7-1 子曰, "述而不作, 信而好古, 竊比於我老彭.")

4. 공자는 네 가지로써 가르쳤으니 학문과 실천과 성실과 신의였다.

(7-25 子以四敎, 文, 行, 忠, 信.)

5. 자공이 정치에 대하여 여쭈었다.
공자: "먹는 것을 풍족히 하고 군대를 충분히 하며 백성이 믿는 것이다."
자공: "반드시 부득이 하여 버린다면 이 세 가지 중에 어느 것을 먼저 버릴까요?"
공자: "군대를 버려라."
자공: "반드시 부득이 하여 버린다면 이 두 가지 중에 어느 것을 먼저 버릴까요?"
공자: "먹는 것을 버려라. 예부터 죽음은 다 있지만 백성이 믿음이 없으면 서지 못한다."

(12-7 子貢問政. 子曰, "足食, 足兵, 民信之矣." 子貢曰, "必不得已而去, 於斯三者何先?" 曰, "去兵." 子貢曰, "必不得已而去, 於斯二者何先?" 曰, "去食. 自古皆有死, 民無信不立.")

5. 옹야雍也

一

"옹雍은 남쪽을 보게(남면南面. 임금노릇) 할 만하다."(공자)

6-1 子曰, "雍也可使南面."

- **南面남면:** 제후의 지위를 맡기어 다스리도록 하는 것(포함), 남쪽으로 바라보는 것으로, 고대에는 임금은 남쪽을 바라보고 앉고 신하는 북쪽을 바라보았다. 남면은 임금이 정사를 다스리는 자리임(주자)

해설

염옹의 자격

사람은 다듬어진 그릇의 크기와 모양에 따라 할 수 있는 일들에 차이가 있는 것이다. 술잔이 있고 밥그릇이 있으며, 떡을 올리고 찌개를 끓일 수 있는 그릇이 있으니 어찌 같은 그릇이라 할 수 있을 것인가! 옹(중궁)에게 남면할 만하다 한 것은 사람을 다스리고 끌어모을 수 있는 능력과 사랑이 있기 때문이었다. 왕이란 지시하고 감독하는 자리가 아니며, 사람을 살피고 세상의 흐름에 따라 사람을 써 흐름을 관리하며, 때론 스스로 모범을 보여야 하는 자리이다. 아무리 유능하다 하여도 독선적이며 타협할 줄 모르면 사람이 주변에 모이지 않는 것이니, 리더의 자리는 사람이 주변에 모여야 가능한 것이다. 무엇보다 중요한 능력은 적재적소에 필요한 사람을 발굴할 수 있는 안목과 때를 아는 능력이 필요한 것이다.

옹은 때를 아는 능력이 있어 주변을 편안하게 하며, 위기에서 흔들림이 없기에 사람의 앞에 나아가 일을 할 만한 것이다. 또한 사람을 품어 감싸줄 줄 알며, 작은 것에 연연하지 않아 주변으로부터 시기와 질투를 받지 않았다. 하지만 왕이란 자신을 가다듬는 시간이 부족할 수 있어 자신의 공부를 위한 좋은 자리라 할 수만은 없다. 자신을 가다듬는 자리가 아닌 아는 것을 펴야 하는 사람이 해봄 직한 자리이다.

본 장은 『주역』의 34번째 괘인 뇌천대장雷天大壯괘(䷡)와 연계지어 볼 수 있다. 대장괘는 위는 우레 아래는 하늘의 형상으로 위대한 힘, 씩씩함을 의미한다.

대장괘는 바르게 행동하는 것이 이롭다.(괘사)

우레가 하늘 위에서 울리는 것이 대장괘의 형상이다. 군자는 이것을 본받아 예에 어긋나는 일은 하지 않는다.(대상전)

또 지택림地澤臨괘(䷒)와도 대비하여 볼 수 있다.(「위정」 1장 참조)

二

애공이 물었다.

"제자 중에 누가 배우기를 좋아합니까?"

공자가 대답하여 말하였다.

"안회라는 자가 있어 배우기를 좋아하여 성냄을 옮기지 않으며 잘못을 두 번하지 않았는데 불행히도 명이 짧아 죽었습니다. 이제는 없으니 (그가 죽은 뒤로는) 배우기를 좋아하는 사람이 있음을 듣지 못했습니다."

6-3 哀公問, "弟子孰爲好學?" 孔子對曰, "有顔回者好學, 不遷怒, 不貳過, 不幸短命死矣. 今也則亡, 未聞好學者也."

- **不遷怒불천노:** 갑에게 성낸 것을 을에게 옮기지 않음(주자), 가난하고 고생스럽더라도 탓함이 없는 것(다산)
- **不貳過불이과:** 이전에 잘못한 것을 뒤에 다시 하지 않음(주자), 허물이 있으면 용감하게 고치고 망설이거나 그대로 끌고 가는 것이 없는 것(다산)
- **亡무:** 없음(무. 형병, 주자), 지금은 세상에 살고 있지 않음(망. 다자이순다이, 다산)

해설

불천노, 불이과

성냄을 옮기지 않는다는 것은 주변의 자극을 받아 들여 소화시킬 수 있기 때문이다. 스스로의 감정을 절제할 수 있으며, 기운의 조화를 통해 주변까지 변화시킬 수 있는 힘을 가지는 것이 공부의 기본이라 할 것이다. 자기 절제를 통해 변화를 최소화 하면 새로운 세상과 자연스럽게 연결되는 것이다. 감정의 변화는 자신을 흔들고 주변을 흔들어 갈등을 유발하고 충돌을 통해 새로운 시작을 유도하기도 한다. 이것은 보통 사람들의 삶의 방식인 것이며 공부하는 이는 일반의 경우와 반대를 통해 정중동의 의식 충돌과 확장을 가능케 하는 힘으로 작용될 수 있다.

선택은 각자의 몫이며 선택의 결과에 대한 과실도 각자의 몫인 것이다. 진화와 퇴화의 선택은 작은 감정의 다스림으로부터 시작되는 것이다. 인간에게 감정을 불러일으키는 주변의 작은 사건들을 여여하게 받아들일 수 있을 때 마음의 평정이 이루어지는 것이다.

본 장은 『주역』의 28번째 괘인 택풍대과澤風大過괘(䷛)와 연계지어 볼 수 있다. 대과괘는 위는 연못 아래는 바람의 형상으로 큰 것의 지나침을 의미한다.

대과괘는 들보가 휜다. 가서 일을 맡으면 이롭고 형통한다.(괘사)

연못의 물이 불어 나무를 덮는 것이 대과괘의 형상이다. 군자는 이것을 본받아 홀로 서 있어도 두려워하지 않고 세상에서 물러나도 답답해하지 않는다.(대상전)

참고

1. "사람의 허물이 각각 그 무리와 함께 한다. 허물을 보면 이에 인함을 알게 되리라."(공자)

(4-7 子曰, "人之過也, 各於其黨. 觀過, 斯知仁矣.")

2. 자공이 여쭈기를 "사師(자장)와 상商(자하)은 누가 낫습니까?"
공자: "사는 지나치고 상은 미치지 못한다."
자공: "그러면 사가 낫습니까?"
공자: "지나친 것은 미치지 못하는 것과 같다."

(11-16 子貢問, "師與商也孰賢?" 子曰, "師也過, 商也不及." 曰, "然則師愈與?" 子曰, "過猶不及.")

三

"바탕이 문채보다 나으면 촌스럽고, 문채가 바탕보다 나으면 꾸미는 것이다. 문채와 바탕이 고른 뒤에야 군자이다."(공자)

6-18 子曰, "質勝文則野, 文勝質則史. 文質彬彬, 然後君子."

- **野야:** 비루하고 소략함(鄙略. 포함)
- **史사:** 꾸밈이 많고 바탕이 적은 것(포함), 문서를 맡은 자로서 견문이 많고 일에 익숙하나 정성이 혹 부족한 것(주자)
- **彬彬빈빈:** 꾸밈과 바탕이 각각 반인 모양(포함), 물건이 서로 섞여 적당하고 고른 모양(주자)

해설

문질빈빈

조화를 알면 세상은 모두 아름다움 속에서 이루어질 것이다. 문채와 바탕은 조화될 때 아름다운 것이니 어찌 조화를 알지 못한 자가 군자가 될 수 있을 것인가! 비어 있으면 채우고, 차 있으면 비우는 공간 속에서 조화를 이룰 수 있다. 군자는 때론 앞서 방향을 제시하고, 군자는 때론 뒤따라가며 식량을 조달하며, 군자는 때론 있는 듯 없는 듯 자처하며, 군자는 때론 모든 것을 알고 답을 주는 존재이다.

조화로운 자가 군자가 되는 것이다. 아직은 조화를 이루지 못하여 주변과 크고 작은 충돌이 생기는 것이다. 상대가 이기려 하면 져 줄 수 있으며, 앞서가지 못하면 끌어 주거나 밀어줄 수 있는 여유는 바로 조화에서 나온다.

조화의 의미를 찾도록 하라. 세상은 빠른 듯 느리며, 느린 듯 빠르다. 앞서고 뒤서며, 밀어주고 끌어 주며, 있는 듯 없고, 없는 듯 있으니 군자란 바로 유有이며 무無인 것이다. 유와 무는 함께 하는 것이니 어찌 하나만 알고 하나를 알지 못할 것인가. 조화를 찾아 중심에 들라.

본 장은 『주역』의 22번째 괘인 산화비山火賁괘(䷕)와 연계지어 볼 수 있다. 비괘는 위는 산 아래는 불의 형상으로 알맞게 꾸밈을 의미한다.

비괘는 형통하나 작은 일이라야 가는 것이 이롭다.(괘사)

산 아래에 불이 있는 것이 비괘의 형상이다. 군자는 이것을 본받아 여러 가지 정사를 분명하게 처리하나 소송은 함부로 판결하려고 하지 않는다.(대상전)

참고

극자성: "군자는 바탕일 따름이니 어찌 문채를 쓰리오?"
자공: "아깝다, 부자(극자성)가 군자를 말함이여! 사마駟馬(말 네 필)로도 혀를 미치지 못하리로다. 문채는 바탕과 같으며 바탕이 문채와 같으니 호랑이와 표범의 가죽이 개와 양의 가죽과 같다."

(12-8 棘子成曰, "君子質而已矣, 何以文爲?" 子貢曰, "惜乎, 夫子之說君子也! 駟不及舌. 文猶質也, 質猶文也. 虎豹之鞹猶犬羊之鞹.")

四

공자가 남자南子를 만나보자 자로가 기뻐하지 않았다.
공자가 맹세하였다. "내가 잘못한 것이 있다면 하늘이 싫어할 것이다. 하늘이 싫어할 것이다."

6-28 子見南子, 子路不說. 夫子矢之曰, "予所否者, 天厭之! 天厭之!"

- **南子남자:** 衛위나라 靈公영공의 부인, 음란한 행실이 있었다.
- **矢시:** 맹세하다(공안국, 주자)
- **所소:** 맹세하는 말(주자)
- **否부:** 예에 합당하지 않고 도를 따르지 않음(주자), 보지 않는 것, 내가 만일 만나지 않는다면 하늘이 반드시 싫어할 것이다.(다산)
- **厭염:** 버리고 끊는 것(주자), 싫어함(惡. 다산)

해설

공자와 남자南子의 만남

자로가 기뻐하지 않은 이유는 만남에 있어서는 예로써 만남과 인仁으로써 만남에 차이가 있기 때문이다. 남자가 사람을 유혹하고 시험하는 재주가 있어 경계하는 사람으로 여겼기 때문이다. 나의 만남은 예로써 만남이다. 만남을 원하는 이에게 만남의 기회를 주지 않는 것이 필요할 수 있으나 때에 따라 만남을 통해 미련을 정리하도록 해야 할 때가 있는 것이다. 남자南子가 나를 남자男子로서 시험하고자 하는 것을 알고 있었기에 싫어하였던 것이다.

내가 맹세까지 한 이유는 남자南子와 만남이 남자男子로서 이성을 위한 만남이 아니었음을 알려 주는 것이다. 이성의 경계를 넘어선지 오래인데, 자로의 눈에는 의심의 마음이 있었기 때문이다. 인간의 이성에 대한 욕구는 공부를 통해 어느 단계에서 넘어야 하는 과정이 있으니 자신이 이성의 욕구에 대한 잠재된 욕망이 도사리고 있다면 주변의 행동 또한 같은 관점에서 바라볼 수밖에 없는 것이다. '잘못'은 성적인 욕구가 마음에서 일어난 것이 없음을 표현한 것이다.

나의 삶을 돌아보건대 나는 스스로 예를 따르고 인을 따라 사는 삶을 역설하였다. 또한 자연의 이치, 하늘의 이치에 맞는 삶을 살고자 노력하였으며, 이를 제자들에게, 세상 속에 전하고자 노력하는 삶을 살았다. 그런데 순리 즉 자연의 이치, 하늘의 이치에 맞지 않고, 나의 말에 반하는 행동을 했다면 어찌할 것인가! 그것은 바로 천벌로서 나의 삶이 변화되어야 하는 것이다. 언행일치는 공부한 사람의 기본이 되는 것이다. 부끄럽지 않은 마음, 양심에 따르는 마음의 표현이다. 사람은 매 행동이 하늘에 부끄럽지 않을 때 마음의 가벼움을 통해 빠른 변화가 가능한 것이다.

본 장은 『주역』의 44번째 괘인 천풍구天風姤괘(䷫)와 연계지어 볼 수 있다. 구괘는 위는 하늘 아래는 바람의 형상으로 만남을 의미한다.

구괘는 여자가 드세니 장가들어서는 안 된다.(괘사)

하늘 아래 바람이 부는 것이 구괘의 형상이다. 임금은 이것을 본받아 명령을 내려서 사방에 알린다.(대상전)

6. 술이述而

一

"덕을 닦지 못하는 것과 배움을 익히지 못하는 것, 의리를 듣고서도 (행동으로) 옮기지 못하는 것과 착하지 않음을 고치지 못하는 것, 이것이 나의 근심이다."(공자)

7-3 子曰, "德之不修, 學之不講, 聞義不能徙, 不善不能改, 是吾憂也."

- **學학**: 先王선왕의 道藝도예(다산)
- **講강**: 한때 어두워졌던 것을 다시 밝히는 것(다산)

해설

근심(憂)의 의미(1)

진리를 알고 진리를 행하지 못하는 것보다 큰 잘못은 없다. 도를 세상에 전한다는 것은 말이 아닌 행동을 통해 가능한 것이니 이것을 제대로 하지 못한다는 것은 도를 알지 못하는 것과 같다. 세상을 살아가는 과정에서 진리를 아는 과정이 첫째요, 진리를 세상에 전하는 과정이 둘째 공부이다. 처음에는 진리를 알지 못하고 알고자 고민을 하고 노력을 하지만, 진리를 터득한 후부터는 진리를 세상에 전하지 못하는 것에 대한 고민을 하게 되는 것이다. 근심은 바로 진리를 세상에 전하여, 진리가 세상에 정착하도록 만들지 못하는 것이다. 공부의 과정은 끝이 없으며, 끝없는 과정 속에서 자신의 안위를 위한 근심과 걱정에서 세상을 향한 근심과 걱정으로 변화되는 것이 공부를 통한 성장 과정인 것이다. 자신의 문제로 고민을 하는 사람에게 세상의 진리를 논할 수 없으며, 세상의 크고 작은 문제에 대하여 고민하는 이에게 도를 전할 수 있는 것이다. 수신제가치국평천하는 의식의 확장 과정이니 노력 없이 이루어지는 것은 아니다.

본 장은 『주역』의 15번째 괘인 지산겸地山謙괘(䷎)와 연계지어 볼 수 있다. 겸괘는 위는 땅 아래는 산의 형상으로 겸손을 의미한다.

겸괘는 하는 일이 형통한다. 군자는 끝맺음이 있다.(괘사)

땅 속에 산이 있는 것이 겸괘의 형상이다. 군자는 이것을 본받아 많은 것은 덜어내고 적은 것은 보태준다. 사물을 측정하여 베풂을 고르게 한다.(대상전)

참고

1. "예의와 사양으로써 하면 나라 다스리기에 무엇이 어려우며, 예의와 사양으로써 나라를 다스리지 못하면 예가 있은들 어찌 하겠는가?"(공자)

(4-13 子曰, "能以禮讓爲國乎, 何有? 不能以禮讓爲國, 如禮何?")

2. 안연과 계로(자로)가 (공자를) 모시고 있었다.
공자: "어찌하여 각각 너희들의 뜻을 말하지 않느냐?"
자로: "바라건대 수레와 말과 가벼운 갖옷을 벗과 함께 쓰다가 해어져도 유감이 없고자 합니다."
안연: "바라건대 착함을 자랑함이 없으며 수고로움을 끼치지 않고자 합니다."
자로: "바라건대 선생님의 뜻을 듣고자 합니다."
공자: "늙은이를 편안히 하며 벗을 믿으며 젊은이를 품는 것이다."

(5-26 顔淵季路侍. 子曰, "盍各言爾志?" 子路曰, "願車馬衣輕裘, 與朋友共, 敝之而無憾." 顔淵曰, "願無伐善, 無施勞." 子路曰, "願聞子之志." 子曰, "老者安之, 朋友信之, 少者懷之.")

3. 자장이 여쭈기를 "선비는 어떠하여야 달達한다고 이를 수 있습니까?"
공자: "무엇인가, 네가 달했다 이르는 자는?"
자장이 대답해 말하기를 "나라에 있어서 반드시 (명성이) 들리며 집안에 있어 반드시 들리는 것입니다."
공자: "이것은 들리는 것이지 '달'이 아니다. 달하는 자는 바탕은 곧고 의리를 좋아하며 말을 살피며 얼굴빛을 보며 생각하기를 (항상) 남에게 낮추는 것이다. (그러면) 나라에 있어서 반드시 달하며 집안에 있어서 반드시 달할 것이다. 들리는(聞) 자는 얼굴빛으로 인을 취하되 행동은 어긋나고 (거기에) 머묾에 의심하지 않으니 나라에 있어서 반드시 들리며 집안에 있어서 반드시 들린다."

(12-20 子張問, "士何如斯可謂之達矣?" 子曰, "何哉, 爾所謂達者?" 子張對曰, "在邦必聞, 在家必聞." 子曰, "是聞也, 非達也. 夫達也者, 質直而好義, 察言而觀色, 慮以下人. 在邦必達, 在家必達. 夫聞也者, 色取仁而行違, 居之不疑. 在邦必聞, 在家必聞.")

4. "군자는 의로써 바탕으로 삼고, 예로써 행하며 공손함으로써 말하며, 믿음으로써 이루면 군자로다."(공자)

(15-18 子曰, "君子義以爲質, 禮以行之, 孫以出之, 信以成之. 君子哉!")

二

"속수의 예를 행한 이상으로 부터는 내가 일찍이 가르치지 않은 적이 없다."(공자)

7-7 子曰, "自行束脩以上, 吾未嘗無誨焉."

• **束脩속수:** 마른 포 열 가닥 한 묶음으로서 지극히 작은 예물을 말한다.(형병, 주자)

해설

제자의 태도

제자는 모름지기 배움을 청할 수 있어야 한다. 자신이 배우고자 하는 의지가 있어야 하며 자신이 배운 것을 행하기 위한 노력이 있어야 한다. 모른다는 것을 알면 배움이 가하나 모른다는 것을 모르면 배움이 불가능하니 배움의 시작은 모른다는 것을 아는 것이다. 제자의 근본은 자신이 알지 못하고 있음을 알고 진리를 배우고자 하는 의지가 바르게 서야 한다. 세상의 모든 스승들은 제자의 의지가 바를 때 스승의 역할을 할 수 있는 것이다. 배우고자 하는 마음이 없는데 어찌하여 가르침을 내릴 수 있을 것인가.

공부하는 자로서 모든 것에 대한 의문 속에서 작은 하나라도 바르게 알고자 묻고 또 묻는 과정을 통해 작은 깨달음은 가능하다. 매일 매일의 작은 깨달음을 통해 큰 깨달음이 가능함을 알아야 한다. 한 번에 모든 것이 이루어지는 것은 공부에서 가장 경계해야 하는 것이다. 작은 변화는 작은 깨달음을 통해 가능한 것이니 어찌 작은 것이 작다 할 것이냐! 모든 것을 새롭게 배운다는 것은 자신의 지식과 경험을 비우는 과정을 통해 극대화 될 수 있는 것이다.

본 장은 『주역』의 50번째 괘인 화풍정火風鼎괘(䷱)와 연계지어 볼 수 있다. 정괘는 위는 불 아래는 바람의 형상으로 새로운 것을 취함을 의미한다.

정괘는 크게 길하고 형통한다.(괘사)

나무 위에 불이 타는 것이 정괘의 형상이다. 군자는 이것을 본받아 자리를 바르게 하고 명령을 엄격하게 시행한다.(대상전)

☞ 참고

민자(민자건)는 곁에서 모시고 있을 때 은은誾誾히 하고 자로는 항항行行히 하고 염유와 자공은 간간侃侃히 하니 공자가 즐거워하였다.

(공자): "유 같은 이는 (올바른) 죽음을 얻지 못할 듯하다."

(11-13 閔子侍側, 誾誾如也, 子路, 行行如也, 冉有子貢, 侃侃如也, 子樂. "若由也, 不得其死然.")

三

"알려고 애쓰지 않으면 열어주지 않으며, 표현하려고 애태워하지 않으면 깨우쳐주지 않는다. 한 모퉁이를 들 때 세 모퉁이로 반응하지 않으면 다시 알려주지 않는다."(공자)

7-8 子曰, "不憤不啓, 不悱不發. 擧一隅, 不以三隅反, 則不復也."

- **憤분**: 마음에 성내는 것(다산)
- **悱비**: 슬퍼하는 것(다산)
- **啓계**: 그 막힘을 열어주는 것(다산)
- **發발**: 그 어둠을 열어주는 것(다산)
- **復부**: 다시 말해줌(주자, 다산)

해설

교육의 방법

모든 것은 조화이다. 조화를 통해 세상은 변화되는 것이며, 발전할 수 있는 것이다. 하나를 알기 위해 하나의 궁금증이 있어야 하며, 알고자 노력하는 만큼 자신이 사용한 에너지만큼 알 수 있는 것이 진리이다. 먼저 움직임이 있을 때 자연은 마음을 열고 인간에게 깨침을 주는 것이다. 한 모퉁이와 세 모퉁이는 사각의 방에 비유한 것이다. 방은 네 모서리가 받치고 있어 텅 빈 공간이 되니 하나가 있다는 것은 나머지 셋이 있음을 말하는 것이다. 하나를 보았다는 것은 나머지 셋도 볼 수 있어야 한다는 것이다. 하나는 하나가 아니며 함께 하는 하나를 통해 모두를 알 수 있는 것을 의미하는 하나이다.

자신이 알고자 하지 않는 것을 알려 주는 것은 에너지 낭비이다. 인간은 자신이 듣고 싶은 것을 듣고, 보고 싶은 것을 보는 특성이 있다. 듣고자 하고 알고자 해야 주변의 말이 들리는 것이니, 스승은 제자가 알고 싶은 욕망이 가득할 때 까지 기다릴 줄 아는 인내가 있는 것이다. 먼저 알려 주면 깨우침이 아닌 넘치는 정보로 인하여 소화하지 못하고 낭비되는 것이 자연의 이치이다. 알고자 한다는 욕심이 내면에서 가득 차오를 때 작은 깨침이라도 가능한 것이다. 깨침의 시작은 작은 우연처럼 찾아오는 것이니, 진정 자신이 알고자 하고 궁금해하는 것이 무엇인지 직접 적어 보고 매일 매일 알고자 노력해 보아야 한다. 노력의 순도에 따라 시간은 단축될 수 있을 것이다. 진리는 주변에 있으나, 알고자 하는 마음의 순도가 부족하여 알지 못하는 것이다. 제자의 신리에 대한 목바름을 유도힐 수 있는 스승이 참 스승이다. 사소한 것에 대한 앎이 아닌 작은 진리라도 알고자 하는 모습에 스승의 마음은 움직이게 되어 있는 것이다.

본 장은 『주역』의 네 번째 괘인 산수몽山水蒙괘(䷃)와 연계지어 볼 수 있다. 몽괘는 위는 산 아래는 물의 형상으로 어리석음의 깨우침을 의미한다.

몽괘는 형통한다. 내가 어린아이에게 배우라고 하는 것이 아니라 어린아이가 나에게 가르쳐 달라고 하는 것이다. 처음 물으면 알

려주나 두 번 세 번 물음은 성가시게 하는 것이니 알려주지 않는다. 바르게 해야 이롭다.(괘사)

산 아래서 샘물이 솟는 것이 몽괘의 형상이다. 군자는 이것을 본받아 행동을 과감하게 하고 덕을 기른다.(대상전)

참고

공자가 위나라에 갔을 때 염유가 수레를 몰았다.
공자: "(사람이) 많구나!"
염유: "이미 사람이 많으면 또 무엇을 더해야 할까요?"
공자: "부유하게 해야 한다."
염유: "이미 부유하다면 또 무엇을 더할까요?"
공자: "가르쳐야 한다."

(13-9 子適衛, 冉有僕. 子曰, "庶矣哉!" 冉有曰, "旣庶矣, 又何加焉?" 曰, "富之." 曰, "旣富矣, 又何加焉?" 曰, "敎之.")

四

섭공이 자로에게 공자에 대하여 물어보자 자로가 대답하지 않았다.
공자: "너는 왜 그 사람됨이 발분하면 먹는 것을 잊고 즐거우면 근심을 잊어 늙음이 장차 이를 줄을 알지 못한다고 말하지 않았느냐?"

7-19 葉公問孔子於子路, 子路不對. 子曰, "女奚不曰, 其爲人也, 發憤忘食, 樂以忘憂, 不知老之將至云爾."

• **葉公섭공:** 초나라 대부

해설

근심의 의미(2)

사람에게는 누구나 근심이 있다. 크고 작은 근심이 있기에 발전이 있는 것이다. 나의 걱정은 세상의 도가 사라지고 혼란이 거듭됨에 대한 것이었다. 변화되는 세상 속에서 힘들고 고통 받는 백성들의 삶을 보는 것이 가장 큰 걱정거리였던 것이다. 변화를 알고 오르면 내리고 내리면 오르는 것이 당연하지만, 순환의 의미를 알지 못하여 허둥대는 사람의 마음은 미래에 대한 불안으로 인한 측면이 많다. 알면 준비하고 조급함을 버릴 수 있지만 모르면 급하게 닥쳐 힘들어 하는 것이다. 사람이 사람답게 살아가는 세상은 쉽게 오지 못할 것임을 알기에 순간순간 잊어버리고 현실에 충실한 삶을 살고자 하였던 것이다. 『주역』「계사」의 우환의식은 세상의 이치를 알면 조금씩은 가지게 되는 것이니 혼란 속의 안정을 바라는 것이 깨달은 자의 마음인 것이다.

본 장은 '발분망식, 락이망우...'와 관련하여 『주역』의 58번째 괘인 중택태重澤兌괘(䷹)와 연계지어 볼 수 있다.(「학이」 1장 참조) 태괘는 연못이 위아래 두 개 겹쳐있는 형상으로 기쁨을 의미한다.

태괘는 형통하니 바르게 하는 것이 이롭다.(괘사)

연못과 연못이 연결되어 있는 것이 태괘의 형상이다. 군자는 이것을 본받아 벗들과 함께 강론하고 익힌다.(대상전)

참고

1. 염구: "선생님의 도를 기뻐하지 않는 것은 아니지만 힘이 부족합니다."
공자: "힘이 부족한 자는 중도에서 그만두지만 지금 너는 (자신의 능력에) 한계를 긋고 있다."

(6-12 冉求曰, "非不說子之道, 力不足也." 子曰, "力不足者, 中道而廢, 今女畫.")

2. 섭공이 정치를 물었다.
공자: "가까운 곳에 있는 자는 기뻐하고 먼 곳에 있는 자는 오게 하는 것입니다."

(13-16 葉公問政. 子曰, "近者說, 遠者來.")

3. "군자는 섬기기 쉽고 기쁘게 하기 어렵다. 기쁘게 하기를 도로써 하지 않으면 기뻐하지 않고, 사람을 부릴 때는 그릇에 맞게 한다. 소인은 섬기기 어렵고 기쁘게 하기 쉽다. 기쁘게 하기를 비록 도로써 하지 않으나 기뻐하고, 사람을 부릴 때는 갖추기를 구한다."(공자)

(13-25 子曰, "君子易事而難說也. 說之不以道, 不說也, 及其使人也, 器之. 小人難事而易說也. 說之雖不以道, 說也, 及其使人也, 求備焉.")

그리고 '붕우강습'과 관련하여서는 다음의 장을 참고할 수 있다.

4. 자공이 벗에 대해 여쭈었다.
공자: "충심으로 알려주며 잘 인도하다가 안되거든 그만두어 스스로 욕되지 말아야 한다."

(12-23 子貢問友. 子曰, "忠告而善道之, 不可則止, 毋自辱焉.")

5. "군자는 글로써 벗을 모으고 벗으로써 인을 도울 것이다."(증자)

(12-24 曾子曰, "君子以文會友, 以友輔仁.")

五

"나는 나면서부터 안 사람이 아니다. 옛것을 좋아하여 민첩하게 구한 사람이다."(공자)

7-20 子曰, "我非生而知之者. 好古敏以求之者也."

해설

본 장은 '생이지지'와 관련하여 『주역』의 63번째 괘인 수화기제水火旣濟괘(䷾)와 연계지어 볼 수 있다. 기제괘는 위는 물 아래는 불의 형상으로 완성, 성공을 의미한다.

기제괘는 작은 일까지 형통하나 바르게 하는 것이 이롭다. 처음에는 길하고 나중에는 어지럽다.(괘사)

물이 불 위에 있는 것이 기제괘의 형상이다. 군자는 이것을 본받아 환난을 생각하고 미리 방비한다.(대상전)

六

"하늘이 덕을 나에게 내려 주었으니 환퇴가 나에게 어찌 하겠는가."(공자)

7-23 子曰, "天生德於予, 桓魋其如予何?"

- **天生德천생덕:** 나에게 성인의 성품을 주었음(포함)
- **桓魋환퇴:** 송나라 司馬사마인 向魋상퇴. 桓公환공의 후손이므로 환퇴라고도 한다.

해설

천생덕어여

나는 여러 공부를 통해 하늘의 이치를 알 수 있었다. 또한 여러 제자가 나를 따랐으니 어찌 기쁘지 아니하였을 것인가! 하늘의 덕은 나에게 여러 재능을 주고 깨달음을 통해 예의인지의 이치를 알 수 있도록 하여준 것이다. 아는 것을 실천 할 수 있는 덕 또한 얻었으니 무엇이 두려울 것인가! 모든 것을 깨달아 주변 사람에게 전할 수 있는 것이 가장 큰 덕이 될 것이다.

본 장은 '천생덕어여'와 관련하여서는 『주역』의 14번째 괘인 화천

대유火天大有괘(☲)와 연계지어 볼 수 있다. 감괘는 물이 거듭된 형상으로 위험, 시련을 의미한다. 대유괘는 위는 불 아래는 하늘의 형상으로 위대한 소유를 의미한다.

대유괘는 크게 형통한다.(괘사)

불(태양)이 하늘 위에 있는 것이 대유괘의 형상이다. 군자는 이것을 본받아 악을 막고 선을 높여 하늘의 아름다운 명령을 따른다.(대상전)

또한 본장은 송나라에서 환퇴의 위협과 관련하여서는 『주역』의 29번째 괘인 중수감重水坎괘(☵)와도 연계지어 볼 수 있다. 감괘는 물이 거듭된 형상으로 위험, 시련을 의미한다.

거듭되는 위험에도 믿음을 가지고 마음을 잃지 않으면 형통한다. 행동이 착하게 여겨진다.(괘사)

물이 끊임없이 흘러가는 것이 감괘의 형상이다. 군자는 이것을 본받아 항상 덕행을 닦고 가르치는 일을 익힌다.(대상전)

七

공자: "만일 성聖과 인仁같으면 내가 어찌 감당하겠느냐? 또한 그것을 행함을 싫어하지 않으며 남을 가르침에 게으르지 않는 것은 그렇다고 말할 수 있을 뿐이다."
공서화: "바로 (그 점이) 제자들이 배울 수 없는 것입니다."

7-34 子曰, "若聖與仁, 則吾豈敢? 抑爲之不厭, 誨人不倦, 則可謂云爾已矣." 公西華曰, "正唯弟子不能學也."

• **爲之위지:** 仁聖인성의 도를 함(주자), 배우는 것으로, 배워서 장차 성인을 이루는 것(다산)

해설

배움과 가르침의 자세

세상의 모든 것을 알고 있는 사람은 없다. 성인이라 하여도 부족한 것이 있기 마련이다. 스스로 부족함을 느낀다면 세상의 미물에게서도 배울 수 있을 것이며, 자연의 이치를 터득하게 될 것이다. 서로가 부족함을 조금씩이라도 느끼고 있다면 배움과 행함은 밀물과 썰물처럼 자연스럽게 이루어 질 것이다. 하지만 많은 사람들은 자신의 작은 지식으로 나서기를 좋아하기에 주변에서 일어나는 작은 사건들로부터 배우지 못하는 경우가 많다.

스스로 가지고 있는 것들을 끝없이 비우고, 배운 것을 행하는 노력을 통해 도의 길을 가는 것이다. 멈춤 없이 갈 수 있는 힘은 비움을 통해 터득된 가벼움이며, 비움의 속도가 앞으로 나아가는 속도가 되는 것이다. 사람은 비우지 않으면 음식을 먹을 수 없고, 비우지 않으면 공기를 호흡할 수 없다. 비움이 있기에 새로움을 받아들일 수 있으며, 받아들임을 통해 에너지를 흡수하여 또 다른 비움을 할 수 있는 것이다. 비움과 받아들임, 소화와 흡수가 동시적으로 이루어 질 때 올바른 순환이 이루어진다. 학문은 위의 작용이 있을 때 지혜를 터득하게 되는 것이다. 중간에서 일부의 작용이라도 정체된다면 부패하고 말 것이다. 자신 안에 너무 많은 지식들을 쌓아 놓고 있는 것이 현대인의 문제이니 스스로 지식을 비워보는 노력을 통해 가벼움을 터득하도록 노력해야 한다. 모든 것은 생각이 아닌 행동을 통해 터득되는 것이다.

본 장은 『주역』의 마지막 괘인 화수미제火水未濟괘(䷿)와 연계지어 볼 수 있다. 미제괘는 위는 불 아래는 물의 형상으로 변화는 끝이 없음, 미완성을 의미한다.

미제괘는 일이 형통한다. 작은 여우가 거의 강을 건너다가 꼬리를 적시게 되니 이로울 것이 없다.(괘사)

불이 물위에 있는 것이 미제괘의 형상이다. 군자는 이것을 본받아 사물들을 신중하게 구분하여 제 자리에 정돈한다.(대상전)

7. 태백泰伯

一

증자가 병이 들자 문하의 제자들을 불러 말하기를 "나의 발을 살펴보며 나의 손을 살펴보아라. 『시』에 이르기를 '두려워하고 조심하기를 깊은 연못에 다다른 듯, 엷은 얼음을 밟는 듯한다.'라고 하니 지금 이후에야 내가 (형벌에서) 벗어남을 알겠구나, 애들아!"

8-3 曾子有疾, 召門弟子曰, "啓予足! 啓予手! 詩云, '戰戰兢兢, 如臨深淵, 如履薄氷.' 而今而後, 吾知免夫! 小子!"

- **啓계:** 열다(정현, 주자)
- **詩시:** 『시경』「小雅소아」'小旻소민'
- **小子소자:** 제자(주생렬), 문인(주자)

해설

마음가짐과 태도

사람이 수행을 하다 보면 어느 순간부터 세상의 모든 것에 대한 두려움이 찾아오는 시기가 있다. 세상의 진리를 모두 알고 있는 듯 행동을 하다가 모든 것을 제대로 알지 못하며 과거의 잘못이 떠올라 부끄러움 속에 살아가는 것이다. 이 과정을 마치면 진정 큰 깨달음에 이르게 되는 것이다.

본 장은 『주역』의 51번째 괘인 중뢰진重雷震괘(䷲)와 연계지어 볼 수 있다. 진괘는 위아래 모두 우레가 겹쳐있는 형상으로 경계하며 신중함을 의미한다.

진괘는 형통한다. 우레가 울려 두려워하다가 우레가 지나가 웃는다. 우레가 백 리를 울려도 제주祭主가 숟가락과 술을 흘리지 않아야 한다.(괘사)

우레가 거듭되는 것이 진괘의 형상이다. 군자는 이것을 본받아 놀라고 두려워하여 수신하고 성찰한다.(대상전)

二

"크도다, 요임금의 임금됨이여! 높고 커서 오직 하늘만이 위대하거늘 오직 요임금만이 본받았으니 넓고 커서 백성이 이름 붙일 수 없었다. 높고 크도다! 그 공을 이룸이 있음이여, 빛나도다! 그 문장이 있음이여!"(공자)

8-19 子曰, "大哉堯之爲君也! 巍巍乎! 唯天爲大, 唯堯則之. 蕩蕩乎, 民無能名焉. 巍巍乎! 其有成功也, 煥乎其有文章!"

- **則측:** 본받다(공안국)
- **蕩蕩탕탕:** 넓고 큰 것을 일컬음(포함, 주자)
- **成功성공:** 사업(주자)
- **文章문장:** 예악과 법도(수자)

해설

요임금의 위대함

요임금은 하늘의 순환 원리를 알았기에 흐름에 따라 자신과 주변 사람들이 모두 때에 맞추어 생활할 수 있었다. 인간은 때에 맞는 삶을 살아갈 때 안정을 되찾게 된다. 안정된 인간의 마음은 천지에 감응을 일으켜 태평성대의 날씨가 계속 이어지게 되어 있다. 간혹 혹독한 가뭄과 홍수 등이 나는 것은 자연의 변화이니 때에 맞추어 피하는 것도 필요한 것이다. 인간이 자연과 공존하는 삶을 살아갈 수 있다면 자연은 인간에게 편안하고 행복한 삶을 살 수 있는 지혜를 전해 줄 것이다. 인간의 지혜가 인간의 것이 아닌 자연의 것임을 알 때 인간은 겸손한 삶을 살아갈 수 있을 것이다. 요순시대에는 자연 앞에 겸손한 삶을 살았던 시기가 있었다. 서로 화합하며 나눌 줄 아는 것이 인간의 본성을 살리는 첫걸음이다. 모든 것은 하나인데 어찌 나누고 분리하며 경쟁하고 살아갈 것인가!

요임금이 성공成功한 것은 인간에게 인간으로서 삶의 가치를 심어준 것이다. 동물적인 약육강식이 아닌 식물과 같은 변화를 따라 살아갈 수 있는 지혜를 터득할 수 있도록 한 것이다. 치수治水에 성공하고 황하의 물길을 잠재울 수 있었던 것은 자연의 이치를 알았기 때문이다. 자연에 맞추어 사는 삶은 순응하는 것으로 모든 것을 받아들일 수 있는 근본이 된다. 순응하되 필요한 부분을 변화시킬 힘은 인간의 잠재된 능력이니 어찌 자연을 거스른다 할 것인가!

여기서 문장은 인간의 삶에 도움이 되는 예법이니, 자신의 위치를 알도록 하여 주는 것이다. 인간이 배움이 없다면 동물적인 삶이 되는 것이며, 배움을 통해 동물과 다른 인간의 삶을 살아갈 수 있다. 예를 통해 자신의 삶을 돌아볼 수 있다. 또한 자연의 이치를 알 수 있는 역법이 모두 문장에 속하는 것이다. 예와 『역』을 통해 자연의 이치를 터득하여 조화로운 삶을 살아갈 수 있게 되는 것이다. 악은 예의 또 다른 이름이니 문장에 속한다 할 것이다.

본 장은 『주역』의 55번째 괘인 뇌화풍雷火豊괘(䷶)와 연계지어 볼 수 있다. 풍괘는 위는 우레 아래는 불의 형상으로 풍요로움을 의미한다.

풍괘는 일이 형통한다. 임금이 제사를 지낸다. 근심하지 말고 마땅히 해가 중천에 떠 있는 정신으로 행동하라.(괘사)

천둥이 울리고 번갯불이 번쩍이는 것이 풍괘의 형상이다. 군자는 이것을 본받아 옥사를 판결하고 형벌을 집행한다.(대상전)

8. 자한子罕

一

달항당인: "위대하도다 공자여! 널리 배웠으되 이름을 이룬 것이 없도다."
공자가 듣고 문하 제자들에게 일러 말하기를,
"내가 무엇을 잡을까? 수레몰기를 잡을까? 활쏘기를 잡을까? 나는 수레몰기를 잡겠다."

9-2 達巷黨人曰, "大哉孔子! 博學而無所成名." 子聞之, 謂門弟子曰, "吾何執? 執御乎? 執射乎? 吾執御矣."

• **達巷달항**: 黨당의 이름. 黨당은 500家가

해설

달항당인의 평가

사람들은 배움이 세속에서 쓰임이 있기를 바란다. 특히 능력을 발휘하여 세상 속에서 특별한 일을 할 수 있기를 바라는 것이니 문인文人의 삶은 자칫 쓸모없는 배움으로 비추어질 수 있는 것이다.

나에 대한 비아냥이며 제자들에 대한 비난이 포함된 것이다.

나의 답변은 세상에 보탬이 되는 일을 통해 주변에 작은 것이라도 도움을 줄 수 있어야 한다는 뜻이니 수레몰기를 말한 것이다. 활쏘기 또한 비유이니 노동을 통해 생산할 수 있음을 말한 것이다. 하지만 활은 생명을 살상해야 하는 일이 발생하기에 수레몰기를 하겠다고 한 것이다. 전쟁과 다툼이 없기 위해서는 물질을 생산하고 풍요롭게 하는 것도 필요하지만 사람에 대한 근본적인 성찰 없이는 불가능한 것이다. 나는 사람의 근본적인 것에 대한 성찰을 위해 천하를 주유하며 사람의 근간을 이루는 삶의 가치를 살펴 볼 수 있었던 것이다.

본 장은 『주역』의 57번째 괘인 중풍손重風巽괘(䷸)와 연계지어 볼 수 있다. 손괘는 위아래 바람이 거듭된 형상으로 공손함을 의미한다.

손괘는 조금 형통한다. 가서 일을 맡는 것이 이롭고 대인을 만나보는 것이 이롭다.(괘사)

바람이 바람을 따르는 것이 손괘의 형상이다. 군자는 이것을 본받아 거듭 명을 내려 일을 시행하게 한다.(대상전)

참고

계강자가 공자에게 정치를 물어 말하기를 "만일 무도한 사람을 죽여 도 있는 데로 나아가면 어떻습니까?"
공자가 대답해 말하기를 "그대가 정치를 하는데 어찌 죽임을 쓰리오? 그대가 착하고자 하면 백성이 착하게 되리라. 군자의 덕은 바람이오, 소인의 덕은 풀이니 풀 위에 바람이 불면 반드시 쓰러진다."

(12-19 季康子問政於孔子曰, "如殺無道, 以就有道, 何如?" 孔子對曰, "子爲政, 焉用殺? 子欲善而民善矣. 君子之德風, 小人之德草. 草上之風, 必偃.")

二

"베로 만든 관이 예이나 지금은 명주로 하니 검소한지라 나는 대중을 따르리라. 당堂 아래에서 절하는 것이 예인데 지금은 (당) 위에서 절하니 교만한지라 비록 대중을 어기나 나는 아래에서 절하는 것을 따르리라."(공자)

9-3 子曰, "麻冕, 禮也, 今也純, 儉, 吾從衆. 拜下, 禮也, 今拜乎上, 泰也, 雖違衆, 吾從下."

- **麻冕마면:** 검정 베로 만든 관(공안국, 주자)
- **純순:** 生絲생사(공안국, 주자)
- **泰태:** 교만(주자)

해설

예禮를 행할 때의 마음가짐

세상은 변화되는 것이 근본이라 할 것이다. 변화되는 것 중에서 변화되어서는 안 되는 것도 있으니 인간은 생로병사의 순환 과정을 살아간다는 것이다. 이처럼 예도 시대에 따라 변화되어도 가능한 것이 있고, 근본을 일깨우는 예가 있으니 이를 구별할 수 있어야 한다. 예는 인간을 인간답게 만들며 겸손을 터득하고자 함이니 이를 벗어나지 않으면 변화시킬 수 있으며 흐름에 따르는 것이 순리가 되는 것이다. 하지만 단순한 행위를 기반으로 대중이 생활하고 있기 때문에 따라야 하는 것은 아니다. 양심으로 바라보아 어떻게 하는 것이 올바른 것인지 판단하는 훈련이 필요할 것이다.

본 장은 『주역』의 60번째 괘인 수택절水澤節괘(䷻)와 연계지어 볼 수 있다. 절괘는 위는 물 아래는 연못의 형상으로 절제의 미덕을 의미한다.

절괘는 일이 형통하나 절약을 고통스럽게 여기면 바르지 못할 것이다.(괘사)

연못 위에 물이 있는 것이 절괘의 형상이다. 군자는 이것을 본받아 여러 가지 제도를 제정하고 도덕과 행실을 의논한다.(대상전)

☞ 참고

"천승의 나라를 다스리는데 일을 공경하고 미덥게 하며, 쓰임을 절약하고 사람을 사랑하며, 백성을 부릴 때는 때에 알맞게 한다."(공자)

(1-5 子曰, "道千乘之國, 敬事而信, 節用而愛人, 使民以時.")

三

공자가 광匡 땅에서 두려운 일을 당하고 말하였다.
"문왕이 이미 돌아가셨으니 글이 여기에 있지 않은가? 하늘이 장차 이 글을 없애려 할진댄 뒤에 죽는 자가 이 글에 참여하지 못하리니, 하늘이 이 글을 없애려 하지 않을진댄 광 땅 사람이 내게 어찌 하리오?"

9-5 子畏於匡, 曰, "文王旣沒, 文不在玆乎? 天之將喪斯文也, 後死者不得與於斯文也, 天之未喪斯文也, 匡人其如予何?"

- **畏외:** 경계하는 마음이 있음(주자)
- **匡광:** 지명. 鄭정나라 읍
- **玆자:** 그 자신을 스스로 말한 것, 공자(공안국, 주자), 『주역』(정약전, 『고금주』)
- **斯文사문:** 예악과 제도(주자), 『주역』의 彖단과 象상(정약전, 『고금주』)
- **後死者후사자:** 공자(공안국)

해설

글(文)과 『주역』

문文은 문왕이 정리했던 글이며, 단과 상이 핵심이라 할 것이다.

정약전이 핵심을 올바르게 파악한 면이 있다. 여기(자玆)는 당시 내가 가지고 있던 책들이니 나와 『주역』의 간편簡編(정약전, 『논어고금주』)을 가리키는 것이다. 『논어고금주』는 나의 뜻을 상당히 자세히 파악한 면이 있으니 후대에 공부하는 측면에서 본다면 많은 도움이 될 것이다. 하지만 시대가 변화되면 뜻도 달라지는 것이 우주의 이치이다. 같은 뜻이라 해도 어떤 단계, 어떤 방향에서 보느냐에 따라서 해석은 달라져야 하기 때문이다.

본 장은 『주역』의 47번째 괘인 택수곤澤水困괘(䷮)와 연계지어 볼 수 있다. 곤괘는 위는 연못 아래는 물의 형상으로 곤경을 의미한다.

곤괘는 형통한다. 바르게 행동하는 대인은 길하고 허물을 짓지 않는다. 말만 하는 사람은 믿음을 얻지 못한다.(괘사)

연못에 물이 없는 것이 곤괘의 형상이다. 군자는 이것을 본받아 목숨을 다하여 뜻을 이룬다.(대상전)

四

태재가 자공에게 묻기를 "선생님은 성인이십니까? 어찌 그리 능함이 많습니까?"
자공: "진실로 하늘이 내리신 성인이시고 또 능함이 많습니다."
공자가 이 일을 듣고 말하기를 "태재가 나를 아는구나. 내가 젊었을 때 천하였으므로 비루한 일을 많이 능하니, 군자는 많아야 하는가? 많지 않으니라."

9-6 大宰問於子貢曰, "夫子聖者與? 何其多能也?" 子貢曰, "固天縱之將聖, 又多能也." 子聞之曰, "大宰知我乎! 吾少也賤, 故多能鄙事. 君子多乎哉? 不多也."

- **太宰태재:** 관직 이름
- **縱종:** 풀어 놓다. 한량할 수 없음을 말함(肆. 주자)
- **將장:** 거의, 아마도(殆. 주자), 大대(황간)

해설

공자의 평가와 군자

군자는 백성을 편안하게 살 수 있도록 마음의 위안을 주고, 고민을 상담하여 인간의 삶을 만족하도록 할 수 있어야 한다. 모든 것이 능할 수 있는 것이 좋아 보여도, 한 가지에 능함이 더 어려운 것이다. 모든 것을 잘 하려 하지 말고 자신의 개성에 맞는 하나를 통해 깨달음을 얻을 수 있어야 할 것이다. 군자는 팔방미인이 아님을 알고, 시대에 필요한 마음의 양식을 전해 줄 수 있어야 참 군자의 길을 갈 수 있을 것이다. 쌀은 한 끼의 식량이 될 수 있어도, 영혼을 살찌우는 식량은 될 수 없는 것이다. 마음의 길을 갈수 있도록 모범을 보이고 인도하는 것이 군자의 길이다.

자공의 평가는 내가 삶에 있어 막힘이 없이 자연스럽게 흘러가는 삶을 살기 때문이다. 앞이 막히면 옆으로 돌아갈 수 있으며, 생활 전반에 대한 질문에 답을 하기 때문이었다. 세상의 이치를 알면 자연스럽게 터득되어지는 것이 있어, 농사를 포함한 장사 등에서 행하는 방법을 알게 되는 것이다.

본 장은 『주역』의 세 번째 괘인 수뢰둔水雷屯괘(䷂)와 연계지어 볼 수 있다. 둔괘는 위는 물 아래는 우레의 형상으로 험난, 시작의 어려움을 의미한다.

둔괘는 크게 형통하고 바르게 해야 이롭다. 자리를 맡지 말라. 조력자를 세우는 것이 이롭다.(괘사)

구름 속에서 우레가 울리는 것이 둔괘의 형상이다. 군자는 이것을 본받아 나라를 다스린다.(대상전)

五

"봉황새가 이르지 않으며 황하에서 그림도 나오지 않으니 나는 그만이구나!"(공자)

9-9 子曰, "鳳鳥不至, 河不出圖, 吾已矣夫!"

- **河圖하도:** 팔괘(공안국)
- **已이:** 끝남(止. 주자)

해설

공자의 기다림

'그만이구나'는 내가 성인으로서 삶이 아닌 평범한 사람으로서 삶을 살아야 함을 의미한 것이다. 과거의 성인들에게 특별한 신물神物이 나타나 세상의 이치를 알려주었다면 나에게는 그러한 기적이 일어나지 않으니 기적을 찾아 나서지 않고 노력하고 또 노력하는 삶을 살아야 함을 안 것이다.

나는 무엇을 기다린 것은 아니며 과거의 시대와 다른 새로운 시대는 기적이 일어나는 것이 아닌 인간 본연의 삶에 충실해야 함을 알았던 것이다. 보이는 세계와 보이지 않는 세계가 단절되어 현실 속에서 사람으로서 가치를 찾아 노력해야 하는 시대가 오고 있음을 느낄 수 있었던 것이다. 하지만 인간들은 기적을 바라며 보이지 않는 이상세계를 꿈꾸고 있으니 어찌 현실에 발을 붙이고 살아가기 쉬울 것인가! 인간의 몸을 가지고 있는 동안은 철저하게 현실에 충실한 삶을 살아가는 것이 진정 가치 있는 시대가 되는 것이다.

하지만 지금의 시대는 과거와 다른 시대로 접어들고 있다. 기적이라 불리었던 것들이 현실 속에 깊숙이 자리 잡게 된 것이다. 새로운 시대는 새로운 사고로 접근하는 것이 새로운 시대를 살아가는 삶의 방식이 될 것이다. 모든 과거의 것을 내려놓고 스스로의 사고를 미래로 향한다면 길은 열리도록 될 것이다.

본 장은 『주역』의 다섯 번째 괘인 수천수水天需괘(䷄)와 연계지어 볼 수 있다. 수괘는 위는 물 아래는 하늘의 형상으로 때를 기다림을 의미한다.

수괘는 성실하게 일하면 영광스럽고 형통하니 바르게 하는 것이 길하다. 큰 강을 건너더라도 이롭다.(괘사)

구름이 하늘에 오르는 것이 수괘의 형상이다. 군자는 이것을 본받아 먹고 마시며 편안하게 즐긴다.(대상전)

六

공자가 안연에 대해 말하기를 "아깝도다! 나는 그가 나아감을 보았으나 그침은 보지 못하였다."

9-21 子謂顔淵曰, "惜乎! 吾見其進也, 未見其止也."

해설

나아감

공부란 때에 맞추어 나아가고 멈출 줄 아는 것이 필요하다. 멈춤 없이 나아가는 것은 나아가야 할 때이며, 멈추어야 할 때는 멈추어야 하는 것이 인지상정이라 할 것이다. 꽃이 피는 것을 멈추고 열매를 키워야 할 때는 열매를 키우는 것이 지혜이며, 잎을 떨어뜨리고 겨울을 준비하는 것이 자연의 섭리인 것이다. 사람 또한 자연의 섭리와 같이 성장하고 활용하며 멈추는 것이 때에 맞아야 한다. 욕심으로 끝없이 나아가고자 하나 이것은 뿌리 없이 열매를 맺고자 하는 것과 같다. 나무가 나이테를 통해 나아가고 멈춤을 통해 단단해지듯 사람의 공부도 나아가고 멈춤을 통해 더욱 깊어지는 것이다.

본 장은 『주역』의 35번째 괘인 화지진火地晉괘(䷢)와 연계지어 볼 수 있다. 진괘는 위는 불 아래는 땅의 형상으로 나아감, 진보를 의미한다.

진晉괘는 성왕이 강숙에게 많은 말을 하사하고 하루에 세 번이나 접견하였다.(괘사)

밝은 해가 땅 위에 떠오르는 것이 진괘의 형상이다. 군자는 이것을 본받아 스스로 밝은 덕을 밝힌다.(대상전)

참고

호향互鄕땅의 사람들과는 함께 말하기 어려웠는데 동자가 (공자를) 뵙자 문인들이 의심하였다.

공자: "그가 나아오는 것을 받아들이고 그가 물러남을 용인하지 않으니 어찌 심하게 대하겠는가? 사람이 자기를 깨끗이 하고 나아오면 그 깨끗함을 받아들이고 그 이전 것을 간직하지 않는다."

(7-29 互鄕難與言, 童子見, 門人惑. 子曰, "與其進也, 不與其退也, 唯何甚? 人潔己以進, 與其潔也, 不保其往也.")

9. 향당

재계 할 때는 반드시 먹는 것을 바꾸며 거처함에 반드시 자리를 옮겼다. 밥은 정결한 것을 싫어하지 않았으며 회는 가는 것을 싫어하지 않았다. 밥이 상하여 쉰 것과 생선이 상하며 고기가 썩은 것은 먹지 않았다. 색깔이 나쁜 것은 먹지 않으며 냄새가 나쁜 것은 먹지 않았다. 익힌 때를 놓치면(덜 익으면) 먹지 않았다. 때가 아니면 먹지 않았다. 자른 것이 바르지 않으면 먹지 않았다. 알맞은 장을 얻지 못하면 먹지 않았다. 고기가 비록 많으나 밥 기운을 이기게 하지 않았다. 오직 술은 정량이 없으나 난동에 이르지는 않았다. 파는 술과 시장에서 산 포를 먹지 않았다. 생강 먹는 것을 그만두지 않았으며 많이 먹지 않았다. 나라에서 제사지내고 받은 고기는 밤을 묵히지 않았다. (집에서) 제사지낸 고기는 삼일을 지나지 않게 하였으니 삼일이 지나면 먹지 않았다. 밥 먹을 때 대답하지 않았으며 잠잘 때 말하지 않았다. 비록 거친 밥과 나물국과 오이라도 제사지내되 반드시 공경하였다.

10-6 齊必變食, 居必遷坐. 食不厭精, 膾不厭細. 食饐而餲, 魚餒而肉敗, 不食. 色惡, 不食. 臭惡, 不食. 失飪, 不食. 不時, 不食. 割不正, 不食. 不得其醬, 不食. 肉雖多, 不使勝食氣. 唯酒無量, 不及亂. 沽酒市脯不食. 不撤薑食, 不多食. 祭於公, 不宿肉. 祭肉, 不出三日, 出三日, 不食之矣. 食不語, 寢不言. 雖疏食菜羹瓜祭, 必齊如也.

- **饐애**: 밥이 상한 냄새가 나는 것(형병)
- **餲애**: 맛이 변한 것(주자)
- **餒뇌**: 물고기가 썩은 것(魚敗. 하안)
- **敗패**: 고기가 부패한 것(주자)
- **失飪실임**: 날것을 알맞게 익히지 못한 것(공안국)
- **不時불시**: 오곡이 여물지 않은 것과 과실이 미숙한 종류(주자)
- **語어**: 대답하는 것(答述. 주자), 論難논난하는 것(다산)
- **言언**: 스스로 말하는 것(주자), 直言직언하는 것(다산)
- **瓜과**: 必필(육덕명)
- **齊如재여**: 엄숙하고 공경하는 모습(嚴敬貌. 공안국)

해설

공자의 식생활

음식이란 인간에게 꼭 필요한 에너지 공급원이다. 보통의 인간에게 있어 음식처럼 소중한 것이 없으며, 과식하고 탐닉하는 경우가 다반사이다. 하지만 나의 경우 공부를 하며 파장이 낮아지는 경우가 많아 음식에 대해 탐닉하는 경우가 적어진 것이 첫째 원인이라 하겠다. 소식小食을 통해서도 마음이 허虛하지 않으니 충분하였기에 가능하였던 것이다. 또한 음식 먹는 것보다 즐거운 자연의 이치를 깨치는 것에 마음이 빼앗겨 식사에 소홀히 하였던 것이다. 음식을 탐하지 않고 소식을 하였기에 바르지 않으면 먹지 않고, 때가 되지 않으면 먹지 않았다는 과장된 내용들이 기록으로 남아 있는 것이다. 공부가 일정한 수준에 이르면 음식을 탐하지 않고 진리를 탐하게 되는 것이 습관이 되고, 혼자 있을 때 파장이 낮아져 있으니 음식의 맛을 제대로 인지하지 못하고 식사를 하는 경우도 발생하곤 하였다.

본 장은 『주역』의 27번째 괘인 산뢰이山雷頤괘(䷚)와 대비하여 볼 수 있다. 이괘는 위는 산 아래는 우레의 형상으로 수양, 양생의 도를 의미한다.

이頤괘는 바르게 행동해야 길하다. 그가 어떻게 자신을 기르며 스스로 구하여 입에 넣는 것이 무엇인가를 보라.(괘사)

산 아래 우레가 있는 것이 이괘의 형상이다. 군자는 이것을 본받아 언어를 삼가고 음식을 절제한다.(대상전)

참고

"군자가 먹는 데 배부름을 구하지 않고, 거처하는데 편안함을 구하지 않으며, 일에는 민첩하고 말에는 삼가하며, 도 있는데 나아가 (자기를) 바로잡는다면 배움을 좋아한다고 이를 수 있다."(공자)

(1-14 子曰, "君子食無求飽, 居無求安, 敏於事而愼於言, 就有道而正焉, 可謂好學也已.")

10. 선진

一

“진나라와 채나라에서 나를 따르던 자들이 모두 문하에 있지 않도다.”(공자)

11-2 子曰, “從我於陳蔡者, 皆不及門也.”

- **不及門불급문:** 벼슬에 나아가는 문에 미치지 못하다(정현), 모두 문하에 있지 않다(주자), 위나라의 성문에 이르지 못하다(다산)

해설

본 장은 『주역』의 59번째 괘인 풍수환風水渙괘(䷺)와 연계지어 볼 수 있다. 환괘는 위는 바람 아래는 물의 형상으로 흩어짐, 떠나는 것을 의미한다.

환괘는 형통한다. 제사를 거행하려고 임금이 종묘에 이른다. 큰 강을 건너는 것이 이롭고 바르게 행동하는 것이 이롭다.(괘사)

바람이 물 위로 부는 것이 환괘의 형상이다. 옛날의 성왕은 이것을 본받아 상제에게 제사를 드리고 종묘를 세웠다.(대상전)

二

덕행은 안연과 민자건과 염백우와 중궁이요, 언어는 재아와 자공이요, 정사는 염유와 자로요, 문학에는 자유와 자하이다.

11-3 德行, 顔淵閔子騫冉伯牛仲弓. 言語, 宰我子貢. 政事, 冉有季路. 文學, 子游子夏.

- **言語언어:** 외교의 辭命사명(다산)
- **文學문학:** 학문

* 다산은 4과 10인은 공자의 말이 아니라고 보았다.
* 주자는 2장과 3장을 한 장으로 연속된 것으로 보았다.

해설

공문사과십철孔門四科十哲

사람의 행실을 기준으로 하여 나눈다면 수천수만 가지로 나눌 수 있는 것은 사실이다. 내가 위의 네 가지로 나눈 것은 당시에 네 가지가 떠올라서 순간적으로 이야기한 것이다. 제자들을 하나하나 떠올리며 나누었다기보다는 대화를 하던 중 분류한 것이다. 또한 이 나눔이 그 당시에 필요한 측면이 있기에 쓰임에 맞게 이야기되었던 것이다.

이 말은 대화하던 당시에 참석했던 이들 중 몇몇을 이야기하였던 것이며, 나와 오래 하였던 제자들을 그 특성에 맞도록 이야기했다. 나머지 제자들도 있지만 후대에 공부를 더욱 하여 스스로 능력을 키웠던 것이 증삼이라 하겠다. 나의 뜻을 따랐다는 것은 후대의 일이며, 나와 상관없는 이야기일 뿐이다. 안회가 나를 떠나 먼저 갔으니, 내가 누구에게 뜻을 전할 수 있었겠느냐. 당시 했던 말들과 몇 자 적은 책을 통해 나의 뜻은 전달되었던 것이다. 제자들이 각자 자신의 능력과 뜻에 따라 각 분야에서 능력을 발휘하였던 것이니 그보다 더 좋은 일이 어디에 있었겠느냐. 하지만 나는 내가 할 수 있는 일을 나의 능력이 미치는 범위에서 하였던 것이니 뜻을 전하고 전하지 못하고는 나와는 관계없는 것이다.

염백우는 당시 행동으로 배움을 실천하는 데 많은 노력을 하였기에 덕행으로 분류하였다. 『논어』의 기록으로 남아 있는 것이 모두가 아니며, 내가 이야기하였던 일부를 기록하였을 뿐이니, 어떤 제자는 과하게 많고 어떤 제자는 아주 적다 할 것이다. 또한 이야기하지 않아도 스스로 실천하는 경우에는 굳이 말이 필요치 않기에 후대의 기록에 적을 수도 있는 것이다. 모든 것이 기록이 많다고 훌륭하고, 그렇지 못하다고 하여 미치지 못하는 것은 아니다. 제자의 특성에 따라서 지도하는 방법이 다를 뿐이다. 또한 제자들의 특성도 함께 작용하는 것이니 질문을 좋아 하는 경우와 그렇지 않은 경우가 있음을 경험을 통해 잘 알고 있을 것이다.

본 장은 『주역』의 45번째 괘인 택지췌澤地萃괘(䷬)와 연계지어 볼 수 있다. 췌괘는 위는 연못 아래는 땅의 형상으로 모이는 것, 단결을 의미한다.

췌괘는 형통한다. 임금이 종묘에 이른다. 대인을 보는 것이 이롭고 형통한다. 바르게 하는 것이 이롭다. 큰 희생을 쓰면 길하다. 가서 일을 하는 것이 이롭다.(괘사)

연못이 땅 위에 있는 것이 췌괘의 형상이다. 군자는 이것을 본받아 무기를 정비하여 뜻밖에 일어나는 일을 경계한다.(대상전)

三

안연이 죽었다.

공자: "아! 하늘이 나를 망하게 하였구나! 하늘이 나를 망하게 하였구나!"

11-9 顔淵死. 子曰, "噫! 天喪予! 天喪予!"

• **噫희:** 애통하고 상심하는 소리(포함)

해설

공자가 통곡한 이유

안회는 나의 뜻을 이어줄 제자로 믿고 있었다. 그런데 젊은 나이에 나보다 먼저 세상을 떠났으니 어찌 하늘에 따지지 않을 수 있었겠는가! 나에게 삶에서 가장 큰 시련이었으며, 가장 큰 공부를 주었다. 내가 믿고 함께 하였던 제자를 떠나보냄을 통해 나에게 죽음이 다가오고 있음을 느낄 수 있었다. 세상에 대한 애착을 놓고, 모든 것을 마무리 하여야 함을 알았으니 떠남에 대한 준비가 필요함을 직감할 수 있었다.

본 장은 『주역』의 12번째 괘인 천지비天地否괘(䷋)와 연계지어 볼 수 있다. 비괘는 위는 하늘 아래는 땅의 형상으로 단절과 막힘을 의미한다.

비否괘는 사람답지 않은 사람들이 날뛰는 것이니 군자가 바른 것이 불리하다. 큰 것을 잃고 작은 것을 얻는다.(괘사)

하늘과 땅이 교감하지 않는 것이 비괘의 형상이다. 군자는 이것을 본받아 행동을 검소하게 하고 난국을 피한다. 많은 녹봉을 받는 영화를 누리지 않는다.(대상전)

☞ 참고

안연이 죽자 공자가 통곡하였다.
따르던 자가 말하였다. "선생님이 통곡하였습니다."
공자: "통곡함이 있었느냐? 그 사람을 위하여 통곡하지 않고 누구를 위하여 통곡하겠느냐?"

(11-10 顔淵死, 子哭之慟. 從者曰, "子慟矣!" 曰, "有慟乎? 非夫人之爲慟而誰爲?")

四

공자: "유의 거문고를 어찌하여 나의 문하에서 연주하는가?"
(그러자) 문인들이 자로를 공경하지 않았다.
공자: "유는 마루에는 올랐고 아직 방에는 들어가지 못하였을 뿐이다."

11-15 子曰, "由之瑟, 奚爲於丘之門?" 門人不敬子路. 子曰, "由也升堂矣, 未入於室也."

* 자로의 비파 연주가 雅頌아송에 부합하지 않는다.(마융)
* 자로가 타는 비파는 堂上당상의 음악(「아」, 「송」)은 부합할 수 있으나 房中방중의 음악(「주남」, 「소남」)은 부합할 수 없음을 말한다.(다산)

해설

본 장은 『주역』의 46번째 괘인 지풍승地風升괘(䷭)와 연계지어 볼 수 있다. 승괘는 위는 땅 아래는 바람의 형상으로 상승과 발전을 의미한다.

승괘는 크게 형통한다. 대인을 만나게 될 것이니 근심하지 말라. 남쪽을 정벌하면 길하다.(괘사)

땅에서 나무가 자라는 것이 승괘의 형상이다. 군자는 이것을 본받아 덕에 순종하고 작은 것을 쌓아서 높고 크게 만든다.(대상전)

참고

"군자는 위로 도달하고, 소인은 아래로 도달한다."(공자)
(14-23 子曰, "君子上達, 小人下達.")

五

공자가 광 땅에서 두려운 일을 당했을 때 안연이 뒤늦게 왔다.

공자: "나는 네가 죽은 줄 알았다."

안연: "선생님이 계신데 제가 어찌 감히 죽겠습니까?"

11-21 子畏於匡, 顔淵後. 子曰, "吾以女爲死矣." 曰, "子在, 回何敢死?"

• **匡광**: 현재 하남성 孔庄공장. 북공장과 남공장이 있는데 북공장이 공자가 수난을 당한 곳이라 한다.

* 다산은 厄액은 실제의 사실, 畏외는 실제보다 과장된 것으로 보았다.

해설

공자와 안회

안회는 시간에 맞추어 행동하였는데, 그 당시에는 많은 시간이 지체되어 걱정하였던 것이다. 주변이 안정되었다면 걱정하지 않았을 것이나 여러 가지 상황이 불안하였으니 크게 걱정을 하였던 것이다. 안회는 스스로 몸을 돌보지 않는 경향이 있어 걱정되는 측면이 있었다. 하지만 무사히 도착하였으니 크게 기뻐하였다. 현대와 달리 당시에는 이삼일 지체되는 경우가 종종 있었다. 극히 마음이 불안하였던 이유는 무엇이었을까 다양한 생각을 하였다. 나와 여러 제자들에게 위험이 닥치는 것은 막을 수 없으나 객사하는 것은 바람직스럽지 못하게 생각되었다. 다양한 경험을 통해 세상의 이치를 더욱 깊이 이해하고 바라볼 수 있는 과정들이 주유하는 동안 있었으니 당시에는 힘들어도 차후에는 모두 좋은 경험이 되었다.

본 장은 『주역』의 31번째 괘인 택산함澤山咸괘(䷞)에 연계지어 볼 수 있다. 함괘는 위는 연못 아래는 산의 형상으로 교감을 의미한다.

함괘는 하는 일이 형통하나 바르게 하는 것이 이롭다. 아내를 취하면 길하다.(괘사)

산 위에 연못이 있는 것이 함괘의 형상이다. 군자는 이것을 본받아 빈마음으로 사람을 받아들인다.(대상전)

11. 안연

一

안연이 인을 여쭈었다.

공자: "자기를 이겨 예로 돌아가는 것이 인을 하는 것이다. 하루라도 자기를 이겨서 예로 돌아가면 천하가 인으로 돌아갈 것이다. 인을 하는 것은 자기에게서 비롯하는 것이니 남을 의존하는 것이겠느냐?"

안연: "청컨대 그 조목을 여쭙니다."

공자: "예가 아니거든 보지 말며, 예가 아니거든 듣지 말며, 예가 아니거든 말하지 말며, 예가 아니거든 행동하지 말라."

안연: "제가 비록 민첩하지 못하나 청컨대 이 말씀대로 행하겠습니다."

12-1 顔淵問仁. 子曰, "克己復禮爲仁. 一日克己復禮, 天下歸仁焉. 爲仁由己, 而由人乎哉?" 顔淵曰, "請問其目." 子曰, "非禮勿視, 非禮勿聽, 非禮勿言, 非禮勿動." 顔淵曰, "回雖不敏, 請事斯語矣."

- **克己극기:** 자신을 단속함(約身. 마융), '극기복례'를 공안국은 몸을 능히 예에 돌아오게 하는 것이라 하였다.
- **克극:** 이기다(勝. 주자)
- **己기:** 자신의 私欲사욕(주자), 자신(我. 다산)
- **歸귀:** 참여하다(與. 주자), 歸化귀화하다, 이르다(至. 다산)

* '극기복례'는 본래 고어인데 공자가 인용한 것이다.(『춘추좌씨전』 '소공 11년' 傳 "仲尼曰, 古也有志, 克己復禮, 仁也, 信善哉!" 참조)

해설

나와 극기복례

자기는 자신의 몸이며, 자신의 영혼이다. 인간이 지상에 태어나며 가지는 특권이 바로 몸과 영혼의 결합이라 할 것이다. 이 둘을 천명에 따라 움직일 수 있으며, 하늘의 뜻에 따라 움직이는 삶이 바로 예와 하나 되는 삶이라 할 것이다. 몸과 영혼이 가지는 욕망을 절제하고, 자신이 비워져 순리에 따라 행하는 것이 예의 근본이라 하겠다. 도를 터득하면 손짓하나 눈길 한 번도 모두 예이며 하늘의 뜻과 일치되는 이유인 것이다.

몸을 가지고 있는 삶은 축복이며 배우고 익히는 과정이다. 보고 듣는 것은 배움의 과정이며, 말하고 행동하는 것은 배움을 실천하는 과정이다. 배움의 과정에서 보고 듣는 것이 가장 먼저인 것은 인간은 감각을 통해 정보를 받아들이기 때문이다. 보아야 할 것을 보고, 들어야 할 것을 듣는 경지가 되면 버릴 것이 없게 된다.

자신을 마음으로 온전히 다스리고 조절할 수 있다면 어느 순간에도 잘못하는 바가 없게 될 것이다. 몸에도 의사가 있어 먹고 자며,

성(sex)를 추구하고자 하니 이를 절제할 수 있어야 한다. 영혼은 추상적인 것이며, 명예와 권력 등 보이지 않는 허상을 추구하고자 하니 이를 절제할 수 있어야 한다. 인간의 오욕을 절제하여야 하지만 그렇지 못하고 욕망에 이끌려 가는 것이 보통 인간의 삶이다. 자기를 이기고 극복하는 것은 바로 욕망의 절제를 통해 시작된다. 자기를 이기는 것이 하늘의 뜻을 따르는 것의 시작이 될 것이다. 참 자신을 따라가기 위해 터득해야 할 것이 바로 극기복례이다.

본 장은 『주역』의 24번째 괘인 지뢰복地雷復괘(䷗)와 연계지어 볼 수 있다. 복괘는 위는 땅 아래는 우레의 형상으로 바른 길로 되돌아옴을 의미한다.

복괘는 형통한다. 나갔다가 들어와도 병에 걸리지 않는다. 친구들이 믿고 오니 허물이 없기 때문이다. 일을 마치고 같은 길을 되돌아온다. 복괘는 7일 만에 되돌아온다. 가서 일을 맡는 것이 이롭다.(괘사)

우레가 땅 속에 있는 것이 복괘의 형상이다. 옛날의 성왕이 이것을 본받아 동지에는 성문을 닫아 상인들과 여행자들이 다니지 못하게 했고 제후들이 지방을 순시하지 못하게 하였다.(대상전)

二

자장이 밝음에 대하여 여쭈었다.

공자: "물이 스며들어 적셔지는 듯한 참소와 피부에 와 닿는 듯한 하소연이 행해지지 못하면 밝다고 이를 수 있으며, 물이 스며들어 적셔지는 듯한 참소와 피부에 와 닿는 듯한 하소연이 행해지지 못하면 (식견이) 원대하다고 이를 수 있다."

12-6 子張問明. 子曰, "浸潤之譖, 膚受之愬, 不行焉, 可謂明也已矣. 浸潤之譖, 膚受之愬, 不行焉, 可謂遠也已矣."

- **浸潤之譖침윤지참:** 마치 서서히 물이 스며들듯이 하는 참소(정현, 주자)
- **膚受之愬부수지소:** 피부에 받는 利害이해가 몸에 절박함(주자), 절박한 하소연

해설

밝음과 원대함

밝다는 것은 세상을 비추며 장애물이 없다면 끝없이 퍼져 나갈 수 있을 것이다. 밝음이 밝음으로 끝나는 것은 1차원적 밝음이니 더 나아가 멀리 비출 수 있어야 한다. 하나를 물었으니 다음 단계를 이야기 한 것이다. 궁금한 것보다 하나를 더 말하여 우주의 이치를 알

려 주는 것이 스승의 역할이다. 묻지 않으면 알려 주어도 받아들일 수 없으니 굳이 가르침을 주지 않는 것이다. 세상은 유한한 에너지로 구성되어 있으니 에너지를 아껴 쓰는 것이 진리이며, 발전 가능성이 있을 때 사용하는 것이 또한 진리이다.

본 장은 『주역』의 23번째 괘인 산지박山地剝괘(䷖)와 연계지어 볼 수 있다. 박괘는 위는 산 아래는 땅의 형상으로 깍이는 것, 상실을 의미한다.

박괘는 가서 일을 맡는 것이 이롭지 않다.(괘사)

산이 땅에 붙은 것이 박괘의 형상이다. 윗사람은 이것을 본받아 아랫사람을 관대하게 대하여 자리를 편안하게 한다.(대상전)

三

제경공이 공자에게 정치를 물었다.

공자가 대답해 말하기를 "임금이 임금다우며 신하가 신하다우며 아비가 아비다우며 자식이 자식다운 것입니다."

제경공: "좋구나! 진실로 만일 임금이 임금답지 못하며 신하가 신하답지 못하며 아비가 아비답지 못하며 자식이 자식답지 못하면 비록 곡식이 있은들 내가 먹을 수 있으랴?"

12-11 齊景公問政於孔子. 孔子對曰, "君君, 臣臣, 父父, 子子." 公曰, "善哉! 信如君不君, 臣不臣, 父不父, 子不子, 雖有粟, 吾得而食諸?"

해설

자신의 역할

이는 제경공이 자신의 역할을 알고자 하니 자신의 위치를 서로 다르게 말한 것이다. 아버지이자 자식이며 임금의 자리에 있으니 각 역할을 필요에 따라 행하는 것이 필요한 것이다. 하나 만을 알고 둘을 알지 못하면 올바른 정치를 할 수 없다. 정치는 높은데서 낮은 데로 흘러가는 것이 아닌 상호 작용을 통해 각자 자리를 찾아 가는 것이다. 일방적인 명령은 강함으로 약함을 지배하는 것이니 올바른 정치라 할 수 없는 것이다.

본 장은 『주역』의 37번째 괘인 풍화가인風火家人괘(䷤)와 연계지어 볼 수 있다. 가인괘는 위는 바람 아래는 불의 형상으로 집안을 다스리는 도리를 의미한다.

가인괘는 여자가 바르게 하는 것이 이롭다.(괘사)

불에서 바람이 나오는 것처럼 보이는 것이 가인괘의 형상이다. 군자는 이것을 본받아 말은 내용이 있고 행동은 꾸준함이 있게 한다.(대상전)

四

"한조각 말로도 옥사를 판결할 수 있는 자는 아마도 유일 것이다."
(공자)
자로는 승락한 것을 묵혀둠이 없었다.

12-12 子曰, "片言可以折獄者, 其由也與!" 子路無宿諾.

- **片言편언:** 한쪽 말(偏. 공안국, 다산), 반마디 말(半言. 주자)
- **折절:** 결단하다(斷. 주자)
- **宿숙:** 미리(豫. 하안, 다산), 묵혀둠(留. 주자)

해설

본 장은 『주역』의 21번째 괘인 화뢰서합火雷噬嗑괘(☲☳)와 연계지어 볼 수 있다. 서합괘는 위는 불 아래는 우레의 형상으로 법을 집행하여 옥사를 처리함을 의미한다.

서합괘는 일이 형통하니 형벌을 쓰는 것이 이롭다.(괘사)

천둥이 치고 번개가 번쩍이는 것이 서합괘의 형상이다. 옛날의 성왕은 이것을 본받아 형벌을 분명하게 규정하고 법을 엄격하게 집행하였다.(대상전)

五

"송사를 들어 처리하는 것은 나도 남과 같다. (그러나) 반드시 송사가 없게 할 것이다."(공자)

12-13 子曰, "聽訟, 吾猶人也. 必也使無訟乎!"

해설

본 장은 『주역』의 여섯 번째 괘인 천수송天水訟괘(䷅)와 연계지어 생각해 볼 수 있다. 송괘는 위는 하늘 아래는 물의 형상으로 소송, 다툼을 의미한다.

송괘는 진실하게 행동하는데도 갈 길이 막힌다. 중도에 조심하고 두려워하면 길하고, 끝까지 가려고 하면 흉하다. 대인을 만나야 이롭고 큰 강을 건너는 것은 불리하다.(괘사)

하늘과 물이 어긋나게 가는 것이 송괘의 형상이다. 군자는 이것을 본받아 일을 할 때 처음을 조심한다.(대상전)

12. 자로

一

공자: "남쪽 사람의 말에 있기를 '사람으로서 항상 됨이 없으면 무당이나 의사도 될 수 없다.'라고 하니 좋구나!"

"그 덕을 항상되게 하지 않으면 혹 부끄러움을 받게 된다."

공자: "점치지 않을 따름이다."

13-22 子曰, "南人有言曰, '人而無恆, 不可以作巫醫.' 善夫!" "不恆其德, 或承之羞." 子曰, "不占而已矣."

- **作巫醫작무의:** 항심이 없는 사람을 위하여 빌고 약으로 치료함(다산)
- **不恆其德, 或承之羞불항기덕, 혹승지수:** 『주역』 항괘 구삼 효사.
- **承승:** 至지(정자, 『역전』), 進진(주자), 奉봉(주자, 『주역본의』)

* 무당과 의사도 일정한 마음이 없는 사람을 치료할 수 없다(정현), 일정함이 없는 사람은 『역』에서 점을 치지 않는 것이다(정현), 점을 칠 것도 없는(당연한) 일이다, 점이 되지 않을 따름이다로 해석할 수도 있다.

해설

항심恒心

항심은 꾸준함이다. 자신이 이루고자 하는 것을 얻고자 하는 정성이 바로 항심이다. 반복되는 일상 속에서 지루하지 않고 도를 향한 일정한 마음을 유지하는 것이니 어찌 쉬울 것인가. 하는 것이 없는 듯 하여도 이룸이 가능한 것은 꾸준하기 때문이다.

마음을 다스리는 공부를 위해서는 해야 할 바가 많다. 그중에 가장 먼저는 자신의 몸을 조절하는 것이니 수신修身이다. 수신을 위해서 필요한 것이 언제나 여여한 마음이며, 매일 반복할 수 있는 마음이다. 이것이 항심이며 매일 매일 꾸준하게 실천할 수 있는 힘을 제공하여 준다. 마음 다스리기를 꾸준히 하지만 아침저녁의 진폭이 있어 조금의 흔들림은 존재하고 있는 것이다. 때에 따라 비어 있고 채워지는 순환의 작용이니 어찌 일정하게 할 것인가! 매일의 관점에서 보면 변화이며, 일 년의 관점에서 보면 꾸준함이다.

항심을 위해 필요한 것은 변화되는 자신을 인정하는 것이며 매일 매일 반복적인 삶을 지루해하지 않는 마음이 있어야 한다. 변화되지 않는 것 같은 일상이 모여 계절이 되고, 일 년이 되면 아이에서 어른으로 성장하고 노인으로 늙어 가는 것이다. 항심은 변화를 위한 가장 바닥에 있는 주춧돌과 같다. 사람은 변화에 대한 욕심이 있기에 꾸준한 일상의 모습을 싫어하게 되어 있다. 몸의 꾸준함을 통해 마음의 변화를 유도하는 것이 항심의 의미이다. 겉모습은 꾸준한 일상의 습관을 통해 지루해 보일 수 있으나 마음은 몸이 움직이지 않는 것에 비례하여 변화되는 것이다. 마음의 변화는 급가속 될 수 있으며, 몸은 꾸준함으로 이를 지원하여 주는 것이다.

본 장은 『주역』의 32번째 괘인 뇌풍항雷風恒괘(䷟)와 연계지어 볼 수 있다. 항괘는 위는 우레 아래는 바람의 형상으로 변함없는 마음을 의미한다.

항괘는 일이 형통하고 허물을 짓지 않는다. 바르게 행동하는 것이 이롭고 가서 일을 맡는 것이 이롭다.(괘사)

우레와 바람이 함께 일어나는 것이 항괘의 형상이다. 군자는 이것을 본받아 확고히 서서 방향을 바꾸지 않는다.(대상전)

참고

공자: "성인聖人을 내가 볼 수 없다면 군자라도 볼 수 있으면 좋겠다."

공자: "선인善人을 내가 만나볼 수 없다면 항심恒心이 있는 자라도 볼 수 있으면 좋겠다. 없으면서도 있는 것처럼 하며, 비어있으면서도 차있는 것처럼 하며, 모자라면서도 넉넉한 체 하면 항심이 있기 어렵다."

(7-26 子曰, "聖人吾不得而見之矣, 得見君子者, 斯可矣." 子曰, "善人吾不得而見之矣, 得見有恒者, 斯可矣. 亡而爲有, 虛而爲盈, 約而爲泰, 難乎有恒矣.")

二

"군자는 조화롭되 같이하지 않으며, 소인은 같이하되 조화롭지 않다."(공자)

13-23 子曰, "君子和而不同, 小人同而不和."

• **和화**: 어긋나는 마음이 없는 것(주자)
• **同동**: 아첨하는 뜻이 있는 것(주자)

해설

조화로움과 같음

자신을 비우면 조화로울 수 있으며, 자신을 가지고는 조화롭기 힘든 것이다. 작은 자신의 생각을 내려놓고 자신의 이익을 내려놓고 세상을 바라보아야 한다. 자신의 위치를 알면 나서야 할 때와 물러서야 할 때를 알 수 있으니 조화로운 것이다. 남을 따라가는 것이 아닌 함께 하니 조화로운 것이다. 작은 이익을 따르다 보면 겉으로 조화롭게 보여도 시간이 지나면 불협화음이 나오는 것이다. 온전히 자신을 키우고 키워 모든 것을 포용하면 앞뒤 좌우 속에서 자신의 위치를 자유롭게 선택할 수 있을 것이다. 조화는 자신을 버리는 것이 아닌 자신을 키우고 키워 모든 것을 포용할 수 있을 때 더욱 빛날 수 있을 것이다.

본 장은 『주역』의 13번째 괘인 천화동인天火同人괘(☰)와 연계지어 볼 수 있다. 동인괘는 위는 하늘 아래는 불의 형상으로 화합을 의미한다.

동인괘는 야외에서 함께 한다. 하는 일이 형통한다. 큰 강을 건너는 것이 이롭고 군자가 바른 것이 이롭다.(괘사)

하늘과 불이 어울리는 것이 동인괘의 형상이다. 군자는 이것을 본받아 무리를 따로 나누고 사물을 따로 구분한다.(대상전)

참고

1. "세 사람이 길을 가면 반드시 나의 스승이 있다. 그중 착한 사람의 행동을 골라서 따르고, 그중 착하지 않은 사람의 결점으로 자신을 고친다."(공자)

(7-22 子曰, "三人行, 必有我師焉. 擇其善者而從之, 其不善者而改之.")

2. 사마우가 시름하여 말하기를 "남들은 모두 형제가 있는데 나 혼자 없구나."
자하: "상은 들으니 '죽고 사는 것이 명이 있고, 부귀는 하늘에 (달려) 있다.'라고 하였다. 군자가 공경하여 잃음이 없으며 남을 대함에 공손하고 예가 있으면 사해의 안(온 세상)이 모두 형제이니 군자가 어찌 형제가 없는 것을 근심하리오?"

(12-5 司馬牛憂曰, "人皆有兄弟, 我獨亡." 子夏曰, "商聞之矣, 死生有命, 富貴在天. 君子敬而無失, 與人恭而有禮, 四海之內, 皆兄弟也, 君子何患乎無兄弟也?")

三

"군자는 태연하고 교만하지 않고, 소인은 교만하고 태연하지 않다."(공자)

13-26 子曰, "君子泰而不驕, 小人驕而不泰."

- **泰태:** 안이 가득 차서 밖에서 구하지 않는 것(다산)
- **驕교:** 안이 비어 밖에서 기세를 부리는 것(다산)

해설

군자와 소인

군자는 하늘을 알며 사람의 삶을 이해하는 사람이다. 물질이 우선하며 자신의 삶이 우선하는 시대에 변화되는 인간의 마음을 이해하며, 스스로 올바른 길을 걸어야 하는 것이 참 인간의 삶이라 할 것이다. 그러나 세상의 변화를 알지 못하고 과거의 어떤 인물에 집착하는 경우가 많다. 이제 세상은 변화되어 물질이 아닌 정신의 폭발적 성장이 가능한 시점이 되었다. 군자는 정신의 성장을 통해 물질을 다스릴 수 있어야 한다. 변화되는 세상을 알고 인류를 지금과 다른 세상으로 이끌 수 있는 자가 군자가 될 것이다.

사람은 끝없이 진화하게 되어 있으니, 계속 변화되고 긍정적으로 발전하여야 할 것이다. 그러나 변화하지 않고 육체적인 몸과 물질에 집착하며, 지금의 삶이 끝이라 생각하는 이들이 소인이라 할 수 있다. 많은 부를 가지고도 부족함을 느끼며 나눌 줄 모르는 사람이 소인이며, 끝없이 배우고 또 배우며 자립하지 못하는 사람이 소인이며, 더불어 살지 못하고 혼자만 생각하는 사람이 소인이며, 세상의 변화에 고립되어 외톨이가 되는 사람이 소인이다. 자신을 생각하되 집착하지 말고, 물질을 소유하되 집착하지 말며, 자신의 판단이 옳아도 타인에게 강요하지 말며, 자신의 판단이 옳아도 내세우지 말며, 자신의 삶을 행복하게 살며, 자신의 몫을 할 수 있는 사람은 소인에서 벗어나 대인이 될 수 있을 것이다.

본 장은 『주역』의 11번째 괘인 지천태地天泰괘(䷊)와 연계지어 볼 수 있다. 태괘는 위는 땅 아래는 하늘의 형상으로 소통을 의미한다.

태괘는 작은 것을 잃고 큰 것을 얻으니 길하고 형통한다.(괘사)

하늘과 땅이 교감하는 것이 태괘의 형상이다. 임금은 이것을 본받아 천지의 도를 헤아려 이룩하고 천지의 마땅함을 보태어 도움으로써 백성의 삶을 유익하게 한다.(대상전)

참고

자장이 공자에게 여쭈기를 "어떠하여야 정치에 종사할 수 있습니까?"
공자: "다섯 가지 아름다움을 높이고 네 가지 악을 물리치면 정치에 종사할 수 있다."

자장: "무엇을 다섯 가지 아름다움이라 말합니까?"
공자: "군자는 은혜롭되 낭비하지 않으며, 수고롭되 원망하지 않으며, 하고자 하되 탐내지 않으며, 태연하되 교만하지 않으며, 위엄이 있되 사납지 않는 것이다."
자장: "무엇을 일러 은혜롭되 낭비하지 않는다고 합니까?"
공자: "백성이 이로운 것을 인하여 이롭게 하니, 이 또한 은혜롭되 낭비하지 않는 것이 아니겠느냐? 수고로울 만한 것을 가려서 수고롭게 하니, 또 누구를 원망하겠는가? 인을 하고자 하여 인을 얻었으니, 또 무엇을 탐내겠는가? 군자는 많고 적음이 없으며 작고 큰 것에 관계없이 감히 업신여기지 아니하나니, 이 또한 태연하되 교만하지 않은 것이 아니겠는가? 군자는 그 옷과 관을 바로하며 그 보는 것을 존엄하게 하여 엄연히 사람들이 바라보고 두려워 하니, 이 또한 위엄이 있되 사납지 않은 것이 아니겠는가?"
자장: "무엇을 네 가지 악함이라 합니까?"
공자: "가르치지 않고 죽이는 것을 잔학하다고 이르고, 경계하지 않고 완성을 책하는 것을 포악하다고 하고, 명령을 게을리 하고 기일은 촉박하게 하는 것을 해친다고 하고, 똑같이 남에게 주면서 출납을 인색하게 하는 것을 유사라고 한다."

(20-2 子張問於孔子曰, "何如斯可以從政矣?" 子曰, "尊五美, 屏四惡, 斯可以從政矣." 子張曰, "何謂五美?" 子曰, "君子惠而不費, 勞而不怨, 欲而不貪, 泰而不驕, 威而不猛." 子張曰, "何謂惠而不費?" 子曰, "因民之所利而利之, 斯不亦惠而不費乎? 擇可勞而勞之, 又誰怨? 欲仁而得仁, 又焉貪? 君子無衆寡, 無小大, 無敢慢, 斯不亦泰而不驕乎? 君子正其衣冠, 尊其瞻視, 儼然人望而畏之, 斯不亦威而不猛乎?" 子張曰, "何謂四惡?" 子曰, "不敎而殺謂之虐, 不戒視成謂之暴, 慢令致期謂之賊, 猶之與人也, 出納之吝謂之有司.")

13. 헌문

一

공자가 공숙문자에 대해 공명가에게 물었다.
"진실로 부자가 말하지 않으며 웃지 않으며 취하지 않습니까?"
공명가가 대답하여 말하기를 "알려주는 자가 지나쳤습니다. 부자는 때가 된 뒤에 말하는지라 남들이 그 말을 싫어하지 않으며, 즐거운 뒤에 웃는지라 남들이 그 웃음을 싫어하지 않으며, 의로운 뒤에 취하는지라 남들이 그 취함을 싫어하지 않습니다."
공자: "그가 그렇던가? 어찌 그가 그러하리오?"

14-13 子問公叔文子於公明賈曰, "信乎, 夫子不言, 不笑, 不取乎?" 公明賈對曰, "以告者過也. 夫子時然後言, 人不厭其言, 樂然後笑, 人不厭其笑, 義然後取, 人不厭其取." 子曰, "其然? 豈其然乎?"

- **公叔文子공숙문자:** 위나라 대부. 文문은 시호
- **厭염:** 많은 것을 괴로워하여 싫어하는 말(주자)

해설

시중時中이란

때란 변화의 시기이며, 자신에게 긍정적인 영향을 미치는 경우가 있고, 부정적인 영향을 미치는 경우가 있다. 변화를 알면 변화에 맞추어 행동할 수 있는 요령이 생기는 것이다. 범인은 넘치는 파도에 의해 쓸려 가지만, 성인은 파도를 이용하여 원하는 곳으로 쉽게 이동할 수 있는 것이다. 때에 맞추어 행한다 하면 휩쓸려 가는 것이 아닌, 한발 떨어져 바라보며 파도를 타는 것과 같다.

본 장은 『주역』의 52번째 괘인 중산간重山艮괘(䷳)와 연계지어 볼 수 있다. 간괘는 위아래 모두 산이 겹쳐있는 형상으로 적절한 때에 멈춤을 의미한다.

간괘는 등진채로 가만히 있고 몸을 움직이려고 하지 말라. 뜰을 거닐 때에 사람을 만나지 못하더라도 허물이 없다.(괘사)

두 산이 잇달아 솟아있는 것이 간괘의 형상이다. 군자는 이것을 본받아 생각하는 것이 그 자리를 벗어나지 않는다.(대상전)

참고

"중용의 덕이 지극하도다! 백성 중에 (이 덕을 지닌 이가) 적은지가 오래되었구나."(공자)

(6-29 子曰, "中庸之爲德也, 其至矣乎! 民鮮久矣.")

二

공자: "나를 알지 못하는구나!"
자공: "어찌하여 선생님을 알지 못한다고 하십니까?"
공자: "하늘을 원망하지 않으며 사람을 탓하지 않고 아래에서부터 배워서 위로 도달하니 나를 아는 이는 하늘일 것이다!"

14-35 子曰, "莫我知也夫!" 子貢曰, "何爲其莫知子也?" 子曰, "不怨天, 不尤人, 下學而上達. 知我者其天乎!"

- **下學하학:** 도를 배우는 것, 人事인사로부터 시작함(다산)
- **上達상달:** 공부를 쌓는 것, 天德천덕에 이르러 그침(다산)

* 아래로는 人事인사를 배우고 위로는 天命천명을 안다.(공안국)

해설

공자의 탄식

세상은 자신보다 큰 사람의 마음을 알지 못하는 것은 당연한 이치이다. 천하를 주유하는 이유를 알지 못하니 다양한 말로 비난하며 모욕하는 것이다. 알았다면 어찌 비난하였을 것인가! 나의 뜻을 알았다면 어찌 십여 년의 세월 동안 수많은 나라를 떠돌아다녔을 것인가! 자신보다 높은 경지의 사람의 속마음과 행동을 알지 못함은 당연한 것이니 스승의 속뜻을 알지 못하고 겉으로 드러나는 말과 행동으로 판단하는 오류가 제자들에게도 나타나는 것이다. 세상의 이치는 단순한 것이니 세상의 복잡하고 몰락할 것 같은 상황을 이해하기 위해서는 자신의 수준이 높아지는 것 외에 방법이 없는 것이다.

본 장은 『주역』의 아홉 번째 괘인 풍천소축風天小畜괘(䷈ 하학)와 26번째 괘인 산천대축山天大畜괘(䷙ 상달)에 연계지어 볼 수 있다.

소축괘는 위는 바람 아래는 하늘의 형상으로 적게 축적함을 의미한다.

소축괘는 형통한다. 구름은 모였으나 우리 서쪽 지방에서 비는 내리지 않는다.(괘사)

바람이 하늘을 지나가는 것이 소축괘의 형상이다. 군자는 이것을 본받아 덕을 아름답게 닦는다.(대상전)

대축괘는 위는 산 아래는 하늘의 형상으로 많게 축적함의 의미이다.

대축괘는 바르게 해야 이롭고 집에서 먹지 않는 것이 길하다. 큰 강을 건너도 이롭다.(괘사)

하늘이 산 속에 있는 것이 대축괘의 형상이다. 군자는 이것을 본받아 앞사람의 말씀과 행적을 많이 알아서 그의 덕을 기른다.(대상전)

또한 본 장은 『주역』의 53번째 괘인 풍산점風山漸괘(䷴ 하학이상달)와도 연계지어 볼 수 있다. 점괘는 위는 바람 아래는 산의 형상으로 점진적으로 나아감의 의미이다.

점괘는 여자가 시집가면 길하다. 바르게 행동하는 것이 이롭다.(괘사)

산 위에 나무가 자라는 것이 점괘의 형상이다. 군자는 이것을 본받아 어진 덕행에 머물고 풍속을 개선한다.(대상전)

14. 위령공

一

위나라 영공이 공자에게 군대의 진 치는 법을 물었다.
공자 대답하기를 "예법에 관한 일은 일찍이 들었습니다만 군대의 진 치는 작전 법은 아직 배우지 못하였습니다."

15-1 衛靈公問陳於孔子. 孔子對曰, "俎豆之事, 則嘗聞之矣, 軍旅之事, 未之學也."

- **陳진:** 陣신과 같다. 군대가 주둔하고 행군하거나 대열을 이루는 법(공안국), 즉 작전법, 전술의 뜻이다.
- **俎豆之事조두지사:** '俎조'는 제사 때 희생물을 올려놓는 그릇이고, '豆두'는 김치와 젓갈을 담는 그릇이다.(다산) 결국 예에 관한 지식을 가리킨다.
- **軍旅之事군려지사:** 軍군은 12,500명이며 旅려는 500명으로 군대의 단위이다. 따라서 '군려지사'는 군사에 관한 일을 가리킨다.

해설

공자와 위령공의 대화

염구가 전장에서 싸울 수 있었던 것은 그가 평소 전쟁에 대하여 관심이 많았으며 관련한 재능을 가지고 있었기 때문이다. 또한 다양한 공부를 통해 관련된 직책을 맡아 활동을 할 수 있었던 것이다. 내가 전쟁에 대한 방법에서 배우지 못했다 한 것은 불필요한 전쟁에 참여하는 것을 원치 않았기 때문이다. 내가 세상을 돌아다니는 이유는 사람의 마음을 알고자 함이며, 사람을 위한 세상을 만들고자 함이었다. 비록 세상이 전쟁으로 인해 혼란한 시대라 하여도 인과 덕으로써 세상을 교화시킬 수 있는지 확인하고자 함이었던 것이다. 인간 세상에서 전쟁은 어쩔 수 없이 벌어지는 것이나 피할 수 있다면 피하는 것이 나은 방법이라 할 것이다.

본 장은 『주역』의 일곱 번째 괘인 지수사地水師괘(䷆)와 연계시켜 볼 수 있다. 사괘는 위는 땅 아래는 물의 형상으로 군대, 전쟁을 의미한다.

사괘는 바르게 한다. 어른이 책임을 맡는다면 길하다. 허물을 짓지 않기 때문이다.(괘사)

땅 속에 물이 있는 것이 사괘의 형상이다. 군자는 이것을 본받아 민중을 포용하고 교육한다.(대상전)

참고

1. "선인이 백성 가르치기를 7년을 하면 또한 전쟁에 나갈 수 있다." (공자)

(13-29 子曰, "善人教民七年, 亦可以卽戎矣.")

2. "가르치지 않은 백성으로 싸우면 이를 버린다고 이른다."(공자)

(13-30 子曰, "以不教民戰, 是謂棄之.")

二

다음날 드디어 위나라를 떠났다.
진나라에서 난을 당하였을 때 양식이 떨어져 따라다니던 제자들은 병이 들어서 일어나지를 못했다.
자로가 불평하면서 공자를 보고 말했다.
"군자도 또한 곤궁할 때가 있습니까?"
공자: "군자는 본래 곤궁하기 마련이다. 소인은 곤궁하면 별짓을 다한다."

15-2 明日遂行. 在陳絶糧, 從者病, 莫能興. 子路慍見曰, "君子亦有窮乎?" 子曰, "君子固窮, 小人窮斯濫矣."

• **在陳재진:** 공자가 진에 있을 때 吳오가 진을 공격해 왔으므로, 진의 동맹국인 楚초는 군대를 내어 진을 도왔다. 따라서 진은 대단히 혼란했다. 이때 초의 昭王소왕이 군대를 보내서 공자를 초청해 갔기 때문에 위기를 벗어날 수 있었다.(「선진」 2장 참조)
• **從子종자:** 제자(공안국)
• **興흥:** 일어나다(起)와 같은 뜻이다.(공안국, 주자)
• **慍見온현:** 두 가지 해석이 있다. 즉 '불평하며 공자를 본다(慍而見夫子)'는 것과 '불평이 얼굴에 나타난다(慍見於色)'인데 모두 뜻은 통하지만 앞의 해석이 옳을듯하다.(서계 박세당의 설. 『논어사변록』 참조) '성난 얼굴로 공자를 뵙다'(다산, 전설), '기쁘지 않은 빛이 얼굴에 나타나는 것'(다자이순다이, 후설)
• **固고:** 주자는 '본래'라는 뜻으로 보고 정자는 '굳게'라는 뜻으로 보았다.
• **濫람:** 정현의 주에서는 도둑질 하는 것이라 했고 하안, 주자는 넘침(溢)이라 했다.
* 주자는 1장, 2장을 연속된 것으로 보았다.
* '在陳絶糧재진절량...' 이하를 다산은 다른 장으로 독립시켜 다뤘다.

해설

군자고궁君子固窮의 의미

군자는 이루고자 하는 세상의 흐름을 알고, 때에 따라 맞게 행동하는 것이다. 삶의 목적이 물질적인 재산을 불리고 권력을 취하고자 하는 것이 아니다. 만약 재산을 일구고자 하였다면 가능할 것이나 뜻을 두지 않기에 이루지 못하는 것이다. 세상이 풍요롭다면 같이 풍요롭고, 곤궁하다면 같이 곤궁해지는 것이 세상의 자연스러운 이치가 아니겠느냐!

본 장은 『주역』의 39번째 괘인 수산건水山蹇괘(䷦)와 연계지어 볼 수 있다. 건蹇괘는 위는 물 아래는 산의 형상으로 고난, 어려움을 의미한다.

건괘는 서남쪽이 이롭고 동북쪽이 불리하다. 대인을 만나보는 것이 이롭다. 바르게 행동하면 길하다.(괘사)

산 위에 물이 있는 것이 건괘의 형상이다. 군자는 이것을 본받아 자신을 반성하고 덕을 닦는다.(대상전)

또한 결국은 초나라 소왕의 도움으로 포위가 풀렸으니 본 장은 40번째 괘인 뇌수해雷水解괘(䷧)와도 연계지어 볼 수 있다. 해괘는 위는 우레 아래는 물의 형상으로 위험이 해소됨을 의미한다.

해괘는 서남쪽이 이롭다. 갈 곳이 없으면 돌아오는 것이 길하고, 갈 곳이 있으면 빨리 가는 것이 길하다.(괘사)

천둥치고 비 내리는 것이 해괘의 형상이다. 군자는 이것을 본받아 잘못을 용서하고 죄를 너그럽게 처리한다.(대상전)

三

"몸소 하는 일 없이 천하를 다스린 사람은 아마 순임금일 것이다. 대체 무엇을 하였겠는가? 자기 몸을 공손히 하고 바르게 임금 자리에 앉아 있었을 따름이다."(공자)

15-5 子曰, "無爲而治者, 其舜也與! 夫何爲哉? 恭己正南面而已矣."

- **無爲무위:** 인재를 얻어 편안해져 찬탄하고 칭찬하는 말이다.(다산)
- **南面남면:** 옛날에는 임금은 남쪽을 향해 앉고 신하는 북쪽을 향해서 조회했다. 그래서 남면이란 임금 노릇을 하는 것을 말한다.

* 적합한 사람을 얻어 관직을 맡겼으므로 무위로 다스렸다.(하안)

해설

무위이치無爲而治의 의미

하는 일이 없다 함은 스스로 하지 않아도 함께 하는 이들이 있어 믿고 맡길 수 있기 때문에 자리에 앉아 의견을 듣고 자신을 단정히 하였다 함이다. 함께 하는 사람이 능력이 없고 아부하며 사욕을 일삼는다면 어찌 믿고 맡길 수 있었을 것인가! 순임금은 사람을 보는 눈이 있으며 덕으로 함께 하니 주변에서 속이는 법이 없이 진실로 맡은 바 임무를 할 수 있었던 것이다. 서로가 서로를 믿고 배신하지 않으면 자신의 자리에서 크게 신경 쓸 것 없이 세상은 돌아가도록 되어 있는 것이다. 모든 사람들이 자신의 자리를 지키고 남의 것을 탐하지 않으며 신뢰하였기 때문에 가능한 것이다. 또한 사람의 마음이 안정되고 순화되어 자연의 섭리가 저절로 이루어지는 것이 있으니 풍년이 들고 양식이 넉넉하니 인심이 나는 것이다.

사람이 사람의 도리를 다함을 칭찬하며, 서로를 부러워하거나 질투하지 않는 풍습을 만들면 서로가 서로를 믿고 각자 자신의 도리를 다하게 되어 있는 것이다. 임금은 임금의 역할이 있으니 작은 것을 모두 할 수는 없는 것이며, 큰 것을 풀어 관리들이 자신의 역할을 책임지고 수행하는 풍토가 이루어지는 것이었다. 임금이 자신의 하는 일을 굳이 알릴 필요가 없으며, 백성들은 임금의 존재를 크게 신경 쓰지 않아도 세상이 무리 없이 돌아가니 모두 덕으로써 서로를 위하는 세상이 되는 것이다. 임금이 자신이 하는 일을 요란하게 알리며 권력을 휘두르면 백성들이 임금의 존재를 알며 차별이 발생하게 되어 자신의 역할이 아닌 타인의 역할에 마음이 빼앗기게 되어 있다. 몸소 하는 일 없이 천하를 다스리는 경지는 자신의 일을 즐거움 속에서 하는 사회가 되었을 때 가능한 것이다.

본 장은 『주역』의 두 번째 괘인 중지곤重地坤괘(䷁)와 연계지어 볼 수 있다. 곤괘는 위아래 모두 땅이 겹쳐있는 형상으로 부드러움, 포용을 의미한다.

곤괘는 크게 형통하나 암말처럼 절개가 곧아야 이롭다. 군자에게 가야 할 곳이 있을 때 앞서 가면 길을 잃고 뒤따르면 주인을 만난다. 서남쪽으로 가서 친구들과 함께 일하는 것이 이롭고, 동북쪽으

로 가서는 혼자서 작업하는 것이 이롭다. 편안하고 바르게 하여야 길하다.(괘사)

땅의 형세가 곤괘이다. 군자는 이것을 본받아 두터운 덕으로 만물을 싣는다.(대상전)

참고

1. "높고 크도다. 순임금과 우임금이 천하를 가지되 관여하지 않음이여!"(공자)

(8-18 子曰, "巍巍乎, 舜禹之有天下也而不與焉!")

2. 공자: "나는 말이 없고자 한다."
자공: "선생님이 만일 말씀하지 않으면 저희들은 무엇을 조술하겠습니까?"
공자: "하늘이 무슨 말을 하겠느냐? 네 계절이 운행되며 만물이 자라나니 하늘이 무슨 말을 하겠느냐?"

(17-17 子曰, "予欲無言." 子貢曰, "子如不言, 則小子何述焉?" 子曰, "天何言哉? 四時行焉, 百物生焉, 天何言哉?")

15. 계씨

一

"유익한 벗이 세 종류가 있고 해로운 벗도 세 종류가 있다. 정직한 사람을 벗하며, 믿음성 있는 사람을 벗하며, 많이 들어서 아는 사람을 벗하면 유익하고, 겉치레만 잘하고 정직하지 않은 사람을 벗하며, 아첨을 잘하고 미덥지 않은 사람을 벗하며, 말만 잘하고 볼만한 내용이 없는 사람을 벗하면 손해가 된다."(공자)

16-4 孔子曰, "益者三友, 損者三友. 友直, 友諒, 友多聞, 益矣. 友便辟, 友善柔, 友便佞, 損矣."

- **直직:** 강직하고 직언하는 것(형병)
- **諒량:** 성실함(誠信. 형병)
- **多聞다문:** 박학(다식)한 것(형병)
- **便辟편벽:** 사람이 꺼리는 것을 교묘하게 피해서 아첨하여 용납되기를 구하는 것(마융), 겉치레만 잘하고 정직하지 않은 것(주자), '偏편'은 安안, 習습, '辟벽'은 邪사, 側측(다산)
- **善柔선유:** 외면으로 부드럽게 하는 것(마융), 아첨을 잘하고 미덥지 않은

것(주자), '善선'은 好호, '柔유'는 順순(다산)

- **便佞편녕:** 便편은 말을 잘하는 것(정현), 말만 잘하고 실지 내용이 없는 것(주자)

해설

유익한 벗, 해로운 벗

사람에게 있어서 어떤 경험을 하는가는 자신의 진화를 위해 절대적인 영향을 미치도록 되어 있다. 모든 경험을 직접 할 수 없음이니 간접적인 경험을 위해서는 주변인들의 영향이 절대적이라 할 수 있다. 자신의 성장을 위한 조건으로 친구들의 성향이 많은 영향을 미치도록 되어 있기에 유익한 벗을 말함이다.

자신의 잘못을 일러 줄 수 있는 벗이 필요하며, 세상의 흐름에 따라 자신을 변화 시킬 수 있는 안목이 있는 벗을 찾는 것이 필요한 시점이다. 또한 한결같아 믿음이 변치 않는 것이 필요하니 주변에서 어려움을 함께 할 벗을 찾아야 할 것이다. 또한 자신의 이익을 위해 양심을 따르지 않음도 경계할 것이다. 사고방식이 극단적으로 치우친 경우 중도를 찾아 가는 것에 방해가 되니 자신을 중도로 이끌어 줄 수 있지 않다면 주의가 필요할 것이다. 세상은 모든 것을 받아들이되 자신이 소화할 수 있는 범위에서 받아들임이 가능함을 알아야 한다.

아무리 좋아도 자신이 소화할 수 없는 것이면 독약이 되는 것이니 스스로의 능력과 나아갈 방향에 합당한 친구라면 오래 지속함이 좋지만 자신의 방향과 반대의 길을 가는 친구라면 인연을 멀리 함이 좋을 것이다. 작은 이익에 붙잡혀 큰 것을 잃는 우를 범하지 않도록 해야 할 것이다.

본 장은 『주역』의 41번째 괘인 산택손山澤損괘(䷨)와 42번째 괘인 풍뢰익風雷益괘(䷩)에 연계지어 볼 수 있다. 서술의 편의상 본장에서는 손괘(䷨)를 다음 장에서는 익괘(䷩)를 소개한다. 손괘는 위는 산 아래는 연못의 형상으로 손해를 의미한다.

손괘는 진실한 마음을 간직하면 크게 길하고 허물을 짓지 않는다. 바를 수 있으면 가서 일을 맡는 것이 이롭다. 무엇을 사용할까? 두 그릇으로도 제사드릴 수 있다.(괘사)

산 아래에 연못이 있는 것이 손괘의 형상이다. 군자는 이것을 본받아 성냄을 징계하고 욕심을 막는다.(대상전)

참고

1. 자공: "만일 널리 백성에게 베풀고 많은 사람을 구제할 수 있다면 어떻습니까? 어질다고 말할 수 있습니까?"
공자: "어찌 인에만 그치겠느냐? 반드시 성인일 것이다. 요임금과 순임금도 그것을 오히려 부족하게 여겼다. 대체로 어진 사람은 자기가 서고자 하면 남을 세워주며 자기가 도달하고자 하면 남을 도달시켜 준다. 가까운데서 비유를 취할 수 있다면 인을 행하는 방법이라고 이를 수 있다."

(6-30 子貢曰, "如有博施於民而能濟衆, 何如? 可謂仁乎?" 子曰, "何事於仁? 必也聖乎! 堯舜其猶病諸! 夫仁者, 己欲立而立人, 己欲達而達人. 能近取譬, 可謂仁之方也已.")

2. 공자: "나는 아직까지 강한 자를 보지 못하였다."
어떤 사람이 대답해 말하기를 "신정이 있습니다."
공자: "정은 욕심스러우니 어찌 강할 수 있겠는가?"

(5-11 子曰, "吾未見剛者." 或對曰, "申棖." 子曰, "棖也慾, 焉得剛?")

二

"사람이 좋아하는 것 중에 유익한 것이 셋 있고 해로운 것이 셋 있다. 예악을 절도 있게 하기를 좋아하며, 남의 착함 말하기를 좋아하며, 어진 벗 많은 것을 좋아하면 유익하다. 절제를 모르는 즐거움을 좋아하며, 편안히 노는 것을 좋아하며, 주색에 빠짐을 좋아하면 해롭다."(공자)

16-5 孔子曰, "益者三樂, 損者三樂. 樂節禮樂, 樂道人之善, 樂多賢友, 益矣. 樂驕樂, 樂佚遊, 樂宴樂, 損矣."

- **樂락**: 좋아한다(好)는 뜻일 때는 '요'로 읽는다. 다산은 좋아한다는 뜻일 때도 '락'으로 읽는다고 하였다.
- **節절**: 禮예의 제도와 樂악의 聲容성용에 대한 절도를 변별함(주자, 다산)
- **道도**: 동사로 '말한다'는 뜻이다.
- **驕樂교락**: 존귀함을 믿고 스스로 방자함(공안국), 사치하고 방자하여 절제를 모르는 것(주자), 남에게 오만하고 기세가 방자한 것(다산)
- **佚遊일유**: 출입에 절도가 없는 것(왕숙), 태만하여 착한 소리 듣기를 싫어하는 것(주자)
- **宴樂연락**: 음탕한 것에 빠지고 소인을 친하는 것(주자), 술에 빠져서 스스로 방탕한 것(다산)

해설

유익한 것, 해로운 것

사람에게 꼭 필요한 것을 실천함이 유익하며, 자신의 과거를 돌아보아 오랫동안 했던 것을 계속하는 것은 해롭다. 해롭다 함은 영혼의 성장을 위해 필요한 자극을 주지 못하기 때문이다. 몸은 한결같아도 마음은 언제나 세상과 우주를 향해 열려 있는 자세, 자신과 다른 생각을 받아들이는 자세야말로 사람에게 유익한 것이다. 좋아하는 것만을 좋아하고 싫어하는 것을 싫어함은 중용으로 가는 데 가장 방해되는 요소이니 좋아도 받아들이고 싫어도 받아들일 수 있어야 마음이 확장될 수 있다. 또한 호흡으로 자신의 마음을 조절하며, 독서는 적게 하고 의미를 찾을 수 있도록 명상 속에서 스스로 체득하는 시간을 가지는 것이 필요하다. 자연과 함께하는 시간을 통해 자연을 이해하는 것이 지금의 사람들에게 우선하는 가치가 될 수 있을 것이니 식물을 가꾸고 관찰하는 시간을 가지면 육체적, 정신적 건강에 많은 도움이 될 수 있을 것이다.

현대문명에서 급속도로 전파되는 것 중 좋지 않은 것의 하나가 뉴스를 통한 사건 사고이니 될 수 있으면 적게 접하는 것이 정신의 건강을 위해 좋을 것이다. 지나친 머리 위주 지식 위주의 독서와 지식 습득은 해롭다. 감정을 자유롭게 표현하지 못하고 내면에 쌓아두어 질병이 되는 것이 해롭다. 자신을 자유롭게 하는 것은 이롭고 억압하고 불편하게 하는 것은 해로우니 생활 속에서 스스로 찾아 정리해 보는 것이 가장 좋은 것이다.

본 장은 『주역』의 42번째 괘인 풍뢰익風雷益괘(䷩)와 연계지어 볼 수 있다.(전장 해설 참고) 익괘는 위는 바람 아래는 우레의 형상으로 이익, 증가를 의미한다.

익괘는 가서 일을 맡는 것이 이롭고 큰 강을 건너는 것이 이롭다.(괘사)

바람과 우레가 익괘의 형상이다. 군자는 이것을 본받아 선을 보면 따르고 허물이 있으면 고친다.(대상전)

참고

"안회는 나를 도와주는 자가 아니다. 내 말에 대해 기뻐하지 않는 것이 없구나."(공자)

(11-4 子曰, "回也非助我者也, 於吾言無所不說.")

16. 양화

一

"예禮라 이르며 예라 이른들 구슬과 비단을 이르는 것이겠는가?
음악이라 이르며 음악이라 이른들 종과 북을 이르는 것이겠는가?"
(공자)

17-9 子曰, "禮云禮云, 玉帛云乎哉? 樂云樂云, 鐘鼓云乎哉?"

* 예의 귀하게 여기는 것은 윗사람을 편안히 하고 백성을 다스리는 것이다.(정현)
* 음악의 귀하게 여기는 것은 풍속을 옮겨 바꾸는 것이다.(마융)
* 다산은 예악의 근본은 仁인에 있다고 보았다.

해설

예와 악의 정신

예악을 함께 하는 것은 모두 인간의 심성을 바로 잡고자 함이며,

반복되는 과정을 통해 하늘의 이치를 조금이라도 터득할 수 있는 통로가 만들어질 수 있기 때문이다.

예는 모든 몸의 행동을 올바로 하여 자신을 바로 세워 하늘과 통하게 하고자 함이 목적이다. 악은 전달되는 음률을 통해 파장의 힘을 터득하며, 마음의 감정을 다스려 하늘의 마음과 통하게 함이 목적인 것이다.

인간은 육체를 가지고 있어 자신의 마음이 몸의 지배를 받아 틀을 벗지 못하는 악습에 빠지도록 되어 있다. 이것을 벗어나기 위한 노력 중 하나가 바로 예이며 반복되는 과정 속에서 육체의 틀을 벗고 마음의 문을 열고 스스로와 만날 수 있도록 돕는 것이다. 이때 악은 몸과 마음을 하나로 연결하는 징검다리를 만들어 주며, 긴장된 육체를 이완시켜 편안함 속에서 내면과 연결될 수 있도록 하여 주는 것이다

둘의 작용을 통해 몸을 가지고 있는 인간이 하늘과 연결되어 천음을 듣고, 천명을 알 수 있도록 하는 것이다. 모든 이들이 천명으로 태어났으나, 이를 잊어버리고 방황하며 혼란 속에서 살아가고 있다. 예를 통해 혼란의 중심에서 자신을 일으켜 세울 방법을 터득하게 되는 것이다. 단순한 반복이 아닌 왜 구차한 것으로 여겨지는 행동을 지켜야 하는지 의문에 대한 해답을 스스로 찾아보는 것이 중요한 것이다.

본 장은 『주역』의 열 번째 괘인 천택리天澤履괘(䷉)와 연계지어 볼 수 있다. 리괘는 위는 하늘 아래는 연못의 형상으로 예, 실천을 의미한다.

호랑이의 꼬리를 밟아도 사람을 물지 않는다. 일이 형통한다.(괘사)

위에 하늘이 있고 아래에 연못이 있는 것이 리괘이다. 군자는 이것을 본받아 상하를 변별하고 백성의 뜻을 일정하게 한다.(대상전)

참고

1. 자공: "가난하면서도 아첨함이 없고, 부유하면서도 교만하지 않으면 어떻습니까?"
공자: "(그것도) 괜찮으나 가난하면서도 (도를) 즐거워하고 부유하면서도 예를 좋아하는 것만은 못하다."
자공: "『시』에 이르기를 '끊는 듯이 다듬는 듯이, 쪼는 듯이 가는 듯이 한다.'라고 하였는데 아마도 이것을 말함이겠지요."
공자: "사와는 비로소 함께 시를 말할 수 있겠구나. 지나간 것을 알려주면 오는 것을 아는구나."

(1-15 子貢曰, "貧而無諂, 富而無驕, 何如?" 子曰, "可也, 未若貧而樂, 富而好禮者也." 子貢曰, "詩云, '如切如磋, 如琢如磨', 其斯之謂與." 子曰, "賜也, 始可與言詩已矣. 告諸往而知來者.")

2. "정치(법령)로써 인도하고 형벌로써 가지런히 하면 백성들이 (이것을) 벗어나고서도 부끄러움을 모른다. 덕으로써 인도하고 예로써 가지런히 하면 부끄러움도 있고 또한 바르게 된다."(공자)

(2-3 子曰, "道之以政, 齊之以刑, 民免而無恥. 道之以德, 齊之以禮, 有恥且格.")

3. 맹의자가 효를 물었다.
공자: "(예에) 어김이 없는 것이다."
번지가 수레를 몰았는데 공자가 알려주기를 "맹손이 내게 효를 묻길래 내가 '어김이 없는 것이다.'라고 하였다."
번지: "무엇을 말함입니까?"
공자: "살아서는 예로써 섬기고, 죽어서는 예로써 장사지내고, 예로써 제사 지내는 것이다."

(2-5 孟懿子問孝. 子曰, "無違." 樊遲御, 子告之曰, "孟孫問孝於我, 我對曰, 無違." 樊遲曰, "何謂也?" 子曰, "生事之以禮, 死葬之以禮, 祭之以禮.")

4. "사람으로서 어질지 않으면 예가 있은들 무엇하며, 사람으로서 어질지 않으면 음악이 있은들 무엇하겠는가?"(공자)

(3-3 子曰, "人而不仁, 如禮何? 人而不仁, 如樂何?")

5. 임방이 예의 근본을 여쭈었다.
공자: "크도다 질문이여! 예는 사치하기보다는 차라리 검소할 것이요, 상례는 잘 치르기보다는 차라리 슬퍼할 것이다."

(3-4 林放問禮之本. 子曰, "大哉問! 禮, 與其奢也寧儉, 喪, 與其易也寧戚.")

6. 자하가 여쭈기를 "(시에) 예쁘게 웃는 얼굴 보조개며, 아름다운 눈이 흑백이 분명함이여. 흰 바탕에 채색을 하네.'라고 하니 무엇을 말함입니까?"
공자: "그림을 그리는 일은 흰 바탕 뒤에 한다."
(자하): "예가 뒤입니까?"
공자: "나를 일으키는 자는 상商이로구나. 비로소 함께 시를 말할 수 있겠구나."

(3-8 子夏問曰, "'巧笑倩兮, 美目盼兮, 素以爲絢兮.' 何謂也?" 子曰, "繪事後素." 曰, "禮後乎?" 子曰, "起予者商也! 始可與言詩已矣.")

7. "공손하고 예가 없으면 수고롭고, 삼가고 예가 없으면 두렵고, 용맹하고 예가 없으면 어지럽고, 정직하고 예가 없으면 급하다. 군자가 어버이에게 돈독하면 백성이 인에 일어나며 옛 친구를 버리지 않으면 백성이 야박하지 않는다."(공자)

(8-2 子曰, "恭而無禮則勞, 愼而無禮則葸, 勇而無禮則亂, 直而無禮則絞. 君子篤於親, 則民興於仁, 故舊不遺, 則民不偸.")

17. 미자

一

미자는 떠나고 기자는 노예가 되고 비간은 간쟁하다 죽었다.
공자: "은나라에 세 명의 인자가 있었다."

18-1 微子去之, 箕子爲之奴, 比干諫而死. 孔子曰, "殷有三仁焉."

- **微子미자:** 紂주의 庶兄서형
- **箕子,比干기자,비간:** 주의 숙부

해설

미자, 기자와 비간의 평가

사람은 자신의 할 일을 알고 있어야 올바른 삶을 통해 자신의 역할을 할 수 있는 것이다. 미자, 기자, 비간을 은자라 한 것은 어째서

인가! 스스로의 삶에서 사람의 도리를 알고, 사소한 이익에서 벗어나 후대에까지 영향을 미치기 때문이다. 어려움에 처했을 때 어떤 행동을 하는가를 통해 그 사람의 진면목을 알 수 있는 것이니 인자는 자신에게 닥친 고난을 회피하지 않고 받아들이는 삶을 살아가는 것이다. 비록 목숨을 바친다 하여도 자신의 뜻을 굽히지 않고 흐트러짐 없이 행하기 때문에 지조가 있는 삶을 살았던 것이다.

본 장은 『주역』의 36번째 괘인 지화명이地火明夷괘(䷣)와 연계지어 볼 수 있다. 명이괘는 위는 땅 아래는 불의 형상으로 재능을 숨기고 밖으로 드러내지 않음을 의미한다.

명이괘는 어려움을 참고 바르게 하는 것이 이롭다.(괘사)

해가 땅속에 들어가는 것이 명이괘의 형상이다. 군자는 이것을 본받아 대중과 함께 지내며 총명을 가리고 지혜를 빛낸다.(대상전)

참고

"현명한 자는 세상을 피하고, 그 다음은 땅을 피하고, 그 다음은 얼굴빛을 (보고) 피하고, 그 다음은 말을 (듣고) 피한다."(공자)

"일어나 숨은 이가 일곱 명이다."(공자)

(14-37 子曰, "賢者辟世, 其次辟地, 其次辟色, 其次辟言." 子曰, "作者七人矣.")

二

제나라 사람이 여자 악대를 보내니 계환자가 받고 삼 일 동안 조회를 열지 않자 공자가 떠나갔다.

18-4 齊人歸女樂, 季桓子受之, 三日不朝, 孔子行.

- **歸귀:** 보내다.(다산)
- **季桓子계환자:** 노나라 대부

해설

노나라를 떠난 이유

계환자의 역할은 나라를 다스리는데 막중한 위치에 있었다. 그런데 공을 버리고 사를 취하는 행동을 하였으니, 함께 할 수 없었던 것이다. 역할을 다함에 있어 지위에 맞는 행위야 말로 꼭 지켜야 하는 예인 것이다.

본 장은 『주역』의 43번째 괘인 택천쾌澤天夬괘(䷪)와 연계지어 볼 수 있다. 쾌괘는 위는 연못 아래는 하늘의 형상으로 과감한 결단을 의미한다.

쾌괘는 대궐 마당에 죄인의 이름을 드러내어 밝히고 진지한 태도로 호령하는 것이니 위엄있게 행동해야 한다. 자기 도시에 알릴 때에 병기를 사용하는 것은 불리하다. 가서 일을 처리하는 것이 이롭다.(괘사)

연못이 하늘 위에 있는 것이 쾌괘의 형상이다. 군자는 이것을 본받아 녹봉을 아랫사람에게까지 분배하고 덕에 안주하는 것을 꺼린다.(대상전)

三

초나라 광인 접여가 노래 부르며 공자를 지나가다 말하기를 "봉이여, 봉이여! 어찌 (그리) 덕이 쇠하였는가? 지나간 것은 간할 수 없지만 오는 것은 오히려 추구할 수 있네. 그만 두어라, 그만 두어라! 지금 정사에 종사하는 자는 위태로우니!"
공자가 (수레에서) 내려 그와 함께 말하고자 하였으나 빠른 걸음으로 피하여 함께 말하지 못하였다.

18-5 楚狂接輿歌而過孔子曰, "鳳兮鳳兮! 何德之衰? 往者不可諫, 來者猶可追. 已而已而! 今之從政者殆而!" 孔子下, 欲與之言, 趨而辟之, 不得與之言.

- **接輿접여:** 초나라 사람
- **已而已而이이이이:** 세상의 어지러움이 너무 심하여 다시 다스릴 수 없음(공안국), 已이는 그만둠, 而이는 어조사(주자)
- **下하:** 수레에서 내림(포함)
- **辟피:** 避피와 같음

해설

공자와 접여

접여의 말은 세상이 혼란하여 바로 잡을 수 없으니 세상을 향한 무모한 행동을 멈춤이 어떠한가에 대한 이야기였다. 그의 말이 어찌 틀릴 수 있을 것인가! 어찌하는 것이 좋다고 보는지 이야기해 보고자 한 것이다. 세상을 주유하며 다양한 은자들과 만남을 통해 세상의 흐름을 볼 수 있을 것으로 생각하였으나, 원하는 만남이 이루어지지 못한 경우가 많았다.

세상의 흐름을 읽을 수 있는 능력이 있는 이들이 세상을 등지고 살아가고 있던 시대였다. 비록 행색은 초라하다 하여도 안목은 출중한 것이니, 직접 대화하며 세상 돌아가는 이야기를 해보고자 한 것이다. 하지만 그는 숨어 지내는 자이니 흘러가는 말로 나의 마음을 시험해 보았을 뿐 직접 대면하지는 않았던 것이다. 나의 의지를 시험하는 유혹과도 같은 역할을 하였던 것이며, 나의 행위에 대하여 생각해 볼 수 있는 화두가 되었다. 자신의 역할과 공부 정도에 따라서 때론 있는 듯 없는 듯 살아가는 것이 좋을 수도 있는 것이며, 상황에 따라 흐름을 변화시키기 위한 노력을 해 보는 것이 필요한 경우도 있는 것이다.

접여는 세상의 흐름에 맞추어 살았던 것이며, 나는 세상의 흐름을 변화시켜 보고자 하였던 것이다. 이를 통해 주변에서 일어나는 조그마한 변화 속에서 새로움이 싹틀 수 있는 여지가 발생하기 때문이다. 순응하는 것과 역리로 행동하는 것은 선택의 문제이며, 자신의 공부 수준에 따라서 받아들일 수 있는 여지가 다르게 된다. 공부하는 입장에서는 받아들이고 순응하며 순리에 따르는 것이 일정 수준까지는 필요한 것이니, 흐름을 읽는 공부를 통해 스스로 순응할 수 있는 마음을 키워 나가야 할 것이다.

본 장은 『주역』의 56번째 괘인 화산려火山旅괘(䷷)와 연계지어 볼 수 있다. 려괘는 위는 불 아래는 산의 형상으로 방랑, 나그네를 의미한다.

려旅괘는 조금 형통한다. 나그네가 바르게 행동하면 길하다.(괘사)

산 위에 불이 이는 것이 려괘의 형상이다. 군자는 이것을 본받아 형벌을 집행할 때에 분명하고 신중하게 행동하며 소송을 미루지 않는다.(대상전)

四

장저와 걸익이 나란히 밭을 갈고 있는데 공자가 지나가다가 자로를 시켜 나루터를 묻게 하였다.
장저: "저 수레에 고삐를 잡고 있는 자는 누구요?"
자로: "공구입니다."
장저: "이가 노나라 공구입니까?"
자로: "그렇습니다."
장저: "이 사람은 나루터를 알 것입니다."
걸익에게 물으니,
걸익: "그대는 누구요?"
자로: "중유입니다."
걸익: "이는 노나라 공구의 무리인가?"
자로: "그렇습니다."
걸익: "(물이) 도도하게 흘러가는 것이 천하가 모두 이런데 누가 바꿀 수 있겠는가? 또 그대는 사람을 피하는 선비를 따르기 보다는 어찌 세상을 피하는 선비를 따르는 것만 하겠소?"
(그러면서) 씨앗 덮기를 그치지 않았다.
자로가 가서 알리니 공자가 실망하여 말하기를 "새와 짐승과는 함께 무리지어 살 수 없으니 내가 이 사람의 무리와 함께하지 않고 누구와 함께 하겠는가? 천하에 도가 있으면 내가 바꾸려고 하지 않을 것이다."

18-6 長沮桀溺耦而耕, 孔子過之, 使子路問津焉. 長沮曰, "夫執輿者爲誰?" 子路曰, "爲孔丘." 曰, "是魯孔丘與?" 曰, "是也." 曰, "是知津矣." 問於桀溺. 桀溺曰, "子爲誰?" 曰, "爲仲由." 曰, "是魯孔丘之徒與?" 對曰, "然." 曰, "滔滔者天下皆是也, 而誰以易之? 且而與其從辟人之士也, 豈若從辟世之士哉?" 耰而不輟. 子路行以告, 夫子憮然曰, "鳥獸不可與同羣, 吾非斯人之徒與而誰與? 天下有道, 丘不與易也."

- **長沮, 桀溺장저, 걸익:** 은자
- **耦우:** 보습 두 개로 나란히 밭가는 것(정현)
- **滔滔도도:** 떠돌아다니는 모습(周流. 공안국), 흘러가고 돌아오지 않음(주자), 큰물이 난 모양(다산)
- **以이:** 함께 하다(주자)
- **而이:** 그대(주자), 자로(다산)
- **耰우:** 씨를 덮는 것(정현, 주자), 흙덩이를 다지는 방망이로 밭의 흙덩이를 부수는 것(다산)
- **憮然무연:** 悵然창연, 자신의 뜻을 깨우치지 못함을 애석해 한 것(주자)

해설

공자와 장저, 걸익

장저의 답변은 세상의 이치를 알고 세상을 바꾸려 하는데 모든 것을 알고 있다 자부하는 사람이니 어찌 나루터의 위치하나 모르겠는가 하는 반문이다.

'사람을 피하는 선비'는 세상은 사람으로 인하여 흘러가는 면이 있으니 사람을 피해 운둔하는 것이 지금 세상의 이치에 맞는데 어찌 혼란스러운 세상을 돌아다니는가 하는 것이다. 천하를 움직이는 것은 사람이니 윗자리에 있는 사람을 피하면 한 세월 자신이 하고자 하는 것을 할 수 있을 것인데 어찌하여 사람을 찾아 나섰는가! 세상을 알지 못하기에 곤란을 겪고 있음을 이른 것이다.

세상을 안다함은 무엇인가! 어려울 때 나서서 극복할 방법을 제시하여야 하는데 모두 은신하며 자신의 안위만을 생각하기 때문이다. 한 세상 편한 듯 목숨을 유지할 수 있으나 결국은 무엇을 얻을 수 있을 것인가! 때를 알고 흐름을 알기에 은신하는 마음을 모르는 것은 아니나 작은 것 하나 도움 줄 마음 없고, 조롱하는 마음만 있으니 다가올 세상의 어려움이 전달되었던 것이다.

나의 답변은 세상의 단순한 이치로 본다면 맞는 말이라는 것이다. 내가 어찌 그들의 마음을 모를 것이며, 세상이 변화되고 있는 것을 알지 못할 것인가! 그러나 세상은 언제나 변화되는 것이니 변화를 따라 흘러가기보다 변화를 위한 시발점을 만들어야 함을 한탄하며 이야기한 것이다.

본 장은 『주역』의 33번째 괘인 천산돈天山遯괘(䷠)와 연계지어 볼 수 있다. 돈괘는 위는 하늘 아래는 산의 형상으로 은둔, 물러남을 의미한다.

돈괘는 하는 일이 형통한다. 작은 일도 바르게 처리해야 이롭다.(괘사)

하늘 아래에 산이 솟아있는 것이 돈괘의 형상이다. 군자는 이것을 본받아 소인을 멀리하되 미워하지 않으면서 위엄으로 대한다.(대상전)

五

자로가 따라 가다가 뒤쳐져 장인을 만났는데 막대기에 삼태기를 메고 있었다.
자로가 묻기를 "그대는 선생님을 보았습니까?"
장인: "사체四體를 부지런히 놀리지 않으며 오곡을 구분하지 못하니 누가 선생님이요?"
(그러고는) 그의 막대기를 세워두고 김을 매었다. 자로가 손을 맞잡고 서 있었더니 자로를 머물게 하여 자게하고 닭을 잡으며 기장밥을 지어 먹게 하고 그의 두 아들을 만나보게 했다.
다음 날 자로가 가서 알리니 공자가 말하기를 "은자이다."하고 자로를 시켜 돌아가 만나보게 하였는데 가보니 (이미) 떠나고 없었다.
자로: "벼슬하지 않는 것은 의리가 없는 것이다. 장유의 절차를 그만둘 수 없는데 군신의 의리를 어떻게 그만두겠는가? 그 자신을 깨끗이 하고자 하여 큰 윤리를 어지럽히는 것이다. 군자가 벼슬하는 것은 그 의리를 행하는 것이니 도가 행해지지 못할 것은 이미 알고 있다."

18-7 子路從而後, 遇丈人, 以杖荷蓧. 子路問曰, "子見夫子乎?" 丈人曰, "四體不勤, 五穀不分, 孰爲夫子?" 植其杖而芸. 子路拱而立, 止子路宿, 殺雞爲黍而食之, 見其二子焉. 明日, 子路行以告. 子曰, "隱者也." 使子路反見之, 至則行矣. 子路曰, "不仕無義. 長幼之節, 不可廢也, 君臣之義, 如之何其廢之? 欲潔其身, 而亂大倫. 君子之仕也, 行其義也. 道之不行, 已知之矣."

- **丈人장인:** 노인(포함), 은자(주자)
- **分분:** 분별하다(辨. 주자)
- **植치:** 세움(주자)
- **芸운:** 풀을 제거함(공안국, 주자)
- **倫윤:** 도리(포함), 차례(주자), 군신지의(다산)

해설

공자와 하궤장인

장인의 말의 의미는 지금 당장 먹고 살아가는데 필요한 몸놀림이 부족하며, 몸으로 움직이며 노력하지 않고 말로만 세상의 이치를 논하고 있음을 말한 것이다.

자로에게 다시 만나보게 한 이유는 자로가 그를 알아보고 그의 의견을 들어 필요한 조언을 받았으면 좋았기 때문이다. 아직 사람의 진면목을 볼 수 없는 자로에 대한 공부 차원이었다. 겉만 보며 세상 사람을 평가하지 말고, 숨어 있는 진면목을 볼 수 있는 안목을 키워야 했기 때문이다.

자로가 이렇게 평가한 것은 주나라가 안정되어 있다고 제후들이 자신의 능력을 자랑하며 세력 다툼이 진행되고 있었기 때문이다. 안정된 세상에서 혼란한 시대로 접어들었음은 모든 사항들이 말해주고 있었다. 이것을 볼 수 있는 눈이 없어 단순히 혼란한 시대로 보는 것이며, 혼란한 시대에 은둔하는 자들이 늘어가고 있으니 더욱 혼란은 가속될 것이리 판단되었던 것이다.

본 장은 『주역』의 17번째 괘인 택뢰수澤雷隨괘(䷐)와 연계지어 볼 수 있다. 수괘는 위는 연못 아래는 우레의 형상으로 따름을 의미한다.

수괘는 크게 형통하며 바르게 해야 이롭다. 허물이 없다.(괘사)

연못 속에 우레가 있는 것이 수괘의 형상이다. 군자는 이것을 본받아 날이 저물면 집에 들어가 편히 쉰다.(대상전)

18. 자장

一

맹씨가 양부로 하여금 사사가 되게 하니 (양부가) 증자에게 (옥사의 처리를) 물었다.
증자: "윗사람이 그 도를 잃어 백성이 흩어진지 오래 되었다. 만일 그 실정을 알거든 슬퍼하고 불쌍히 여겨야지 기뻐하지 말라."

19-19 孟氏使陽膚爲士師, 問於曾子. 曾子曰, "上失其道, 民散久矣. 如得其情, 則哀矜而勿喜!"

• **陽膚양부:** 증자의 제자

해설

본 장은 『주역』의 18번째 괘인 산풍고山風蠱괘(䷑)와 연계지어 볼 수 있다. 고괘는 위는 산 아래는 바람의 형상으로 부패 척결을 의미한다.

고괘는 크게 형통한다. 큰 강을 건너는 것이 이롭다. 시작하기 전 사흘과 시작한 후 사흘을 조심하라.(괘사)

산 아래 바람이 있는 것이 고괘의 형상이다. 군자는 이것을 본받아 백성을 진작시키고 덕을 기르게 한다.(대상전)

또한 본 장은 『주역』의 38번째 괘인 화택규火澤睽괘(䷥)와도 연계지어 볼 수 있다. 규괘는 위는 불 아래는 연못의 형상으로 대립과 반목을 의미한다.

규괘는 작은 일들에 길하다.(괘사)

위에 불이 있고 아래에 연못이 있는 것이 규괘의 형상이다. 군자는 이것을 본받아 같이 하면서도 차이를 인정한다.(대상전)

3부

논어해제

『논어』 해제

Ⅰ. 『논어』의 명의名義

『논어論語』라는 명칭이 나타난 것은 공자 사후 훨씬 후대의 일이고 그 이전에는 전傳, 기記, 공자왈孔子曰, 논論, 어語 등으로 일컬어졌었다. 맹자孟子, 순자荀子 시대에는 『논어』라는 두 글자가 나타나지 않고 심지어는 한漢나라 문제文帝 이전에도 『논어』라는 명칭이 보이지 않는다. 『예기禮記』「방기坊記」의 '論語曰, 三年無改於父之道, 可謂孝矣.'를 『논어』라는 명칭의 시초로 보기도 하나, 이는 후인後人이 행 옆에 부기附記한 주어註語가 다시 전사傳寫하면서 정문正文에 잘못 들어간 것으로 추측된다. 따라서 『논어』라는 명칭은 「방기」에서 처음 쓰인 것이 아니고, 대략 한漢 경제景帝 말에서 무제武帝 초년 사이에 쓰인 것으로 보고 있다.

『논어』의 '논論'과 '어語' 두 자의 해석에 대해서는 여러 가지 설이 있다. 『한서漢書』「예문지藝文志」에서는 "『논어』는 공자가 제자와 당시의 사람들과 응답한 말, 제자가 서로 더불어 말하거나 또 선생님에게서 직접 들은 말이다. 당시에 제자들은 각각 따로 따로 기록한 바가 있었는데, 선생님께서 돌아가시자 문인門人들이 서로 기록한 말을 모아 의논 편찬하였으니, 그 까닭에 이것을 『논어』라고 말한다."

라고 하여 논찬論纂의 의미로 보고 있다.

황간皇侃의 『논어의소論語義疏』에서는 『논어』의 명의에 대해 자세히 해설하고 있다. 즉 '논論' 자를 (1) 글자를 버리고 음을 취하여 '윤倫'으로 보는 방식, (2) 음을 버리고 글자만을 따라 '논論'으로 보는 방식, (3) '윤'과 '논'의 두 가지 풀이가 뜻은 다르지 않다는 방식이 있다고 전제하고 각각의 견해에 대하여 자세한 해설을 하고 있다. 즉 (1)의 방식에는 네 가지 해석이 있으니 첫째는 『논어』에는 처음부터 끝까지 차례가 있다하여 '차次'로 보는 해석, 둘째는 만 가지 이치가 들어있다 하여 '이理'로 보는 해석, 셋째는 고금을 경륜經綸한다 하여 '윤綸'으로 보는 해석, 넷째는 수레바퀴처럼 원전무궁圓轉無窮하다 하여 '윤輪'으로 보는 해석이 있다. (2)에서는 기록할 때에는 이미 반드시 '논'한 것이어서 '논'이라고 하였다 하고, (3)에서는 초楚와 중원中原이 음이 다르고, 남쪽과 북쪽이 말이 다른 데서 온 것이므로 '윤倫'과 '논論'은 같다는 것이다. 그리고 '어語'란 논난論難에 대답하여 서술하는 것으로 보고 있다. 또 『경전석문經典釋文』에서는 서로 더불어 논찬論撰하고 당시의 현인賢人과 옛 명왕明王의 말을 모아서 하나의 법을 합성하였으므로 '논어'라고 하였다고 본다. 유희劉熙의 『석명釋明』「석전예釋典藝」에서는 "논論은 윤倫이니 윤리가 있음이요, 법은 서敍니 자기가 말하고자 하는 것을 서술함이다."라고 하였다.

형병邢昺의 「논어주소해경서論語注疏解經序」에서는 황간의 『논어의소論語義疏』설을 계승하여 이 책이 세무世務를 경륜할 수 있으므로 윤綸, 원전무궁圓轉無窮하므로 윤輪, 만리萬理를 온함蘊含하므로 이理, 편장篇章에 차례가 있으므로 차次, 군현群賢이 집정集定하였으므로 찬撰이라고 논論의 뜻을 분류하고 있다. 그리고 정현鄭玄의 『주례주周禮注』의 '答述曰語'를 인용하고 이 책에 실린 것이 모두 공자가 제자와 당시 사람에게 응답한 말이어서 어語라고 하였다고 본다. 또 어語를 논論 아래에 둔 것도 반드시 논찬論撰을 거친 다음에야 실어 오류가 없음을 보인 것이라고 한다.

이상에서 고찰해 본 바와 같이 『논어』의 명의에는 여러 가지 설이 있으나 『한서』에서 '논찬'의 의미로 『논어』를 해석한 것이 가장 타당하다고 생각된다.

II. 『논어』의 편찬자編纂者와 편찬시대編纂時代

편찬자編纂者에 대한 설은 크게 공자의 제자 70인이 기록한 것이라는 설과 제자의 문인이 공동으로 편찬하여 기록했다는 설로 대별할 수 있다. 전자의 설을 주장한 이로는 유항劉向·반고班固·조기趙岐를 들 수 있는데, 어떤 제자가 직접 편찬했다고 하는 설로는 중궁仲弓·자유子游·자하子夏가 편찬했다는 설(정현鄭玄) 외에 자하(『논어참論語讖』), 중궁(부현傅玄), 금장琴張·원헌原憲이 편찬했다는 설(태재순太宰純, 적생쌍송荻生雙松) 등이 있다. 후자의 설을 주장한 이로는 황간을 들 수 있는데, 어떤 제자의 문인을 직접 가리킨 것으로는 악정자춘樂正子春·자사子思가 편찬했다는 설(유종원柳宗元)과 유자·증자의 문인(정이천程伊川), 민자건閔子騫의 문인(송宋 영형永亨)이 편찬했다는 설 등이 있다. 그러나 이러한 설 등에는 모두 문제가 있다.

이에 찬집자와 편찬 년대를 연결시켜 다음과 같이 추론할 수 있다.

1. 제1기 편찬 : 대략 공자 사후로서 중궁, 자유, 자하 등이 주관-- 상론上論
2. 제2기 편찬 (속편) : 대략 증자 사후로서 증자 유자 문인 주관, 민자閔子 염자冉子의 문인이 보조. 이 밖에 관중과 제환공의 유문儒門 제자-- 하론下論 전 5편
3. 제3기 편찬(增附) : 대략 맹자 시대나 혹은 맹자 사후로서 제, 노의 선비가 증부增附. 다만 증부한 재료는 진위가 서로 섞여 의심할 만한 것이 많음-- 하론下論 후 5편

이상에서 살펴볼 때『논어』의 편찬 연대는 대략 주周나라 말에서 전국시대로 하한선을 잡을 수 있으며, 그 시기도 대략 3기로 나뉜다. 편찬자도 공자의 제자 또는 제자의 문인 등 여러 계층임을 알 수 있다.

Ⅲ.『논어』의 종류와 진위

『논어』의 종류, 진위 등에 대해 간략히 고찰해보고자 한다.『논어』에는 세 가지 종류의 이본이 있다.

1. 노론魯論, 20편, 노에서 유행-- 금문
2. 제론齊論, 22편, 제에서 유행-- 금문
3. 고론古論, 21편, 공자의 옛집에서 발견-- 고문

이 중 문제가 있는 것이 제론齊論·고론古論이다. 제론은 노론魯論보다 「문왕問王」·「지도知道」의 2편이 더 많으며, 20편 중에서도 장구가 노론보다 자못 많다. 고론은 노魯 공왕恭王 때에 공자의 집을 헐어 궁실을 지으려다 얻은 것으로, 「문왕」·「지도」의 2편이 없고 「요왈堯曰」편의 '子張問, 何如可以從政?' 이하를 1편으로 삼아 「자장」편으로 하여 두 개의 「자장子張」편이 있어 총 21편이 된다. 또 편차도 제론·노론과 같지 않으며 글이 다른 것이 4백여 자에 이른다.

서한 말西漢末에 안창후安昌侯 장우張禹는 본래 노론을 전수 받았으나, 뒤에 제론을 강하여 합해 경정更定하였는데, 번혹煩惑한 것은 깎아 내고 제론의 「문왕」·「지도」 2편을 제거해 노론 20편을 정본으로 삼은 장후론張侯論이 널리 알려졌다. 그 뒤 동한 말東漢末에 정현鄭玄이 노론을 중심으로 제론·고론으로 교정校正하여 주注를 내었다. 오늘날 사용되고 있는 『논어』는 바로 이 정현의 『논어주』가 연변演變하여 온 것이다. 따라서 현행의 『논어』는 공문孔門 본래의 형태를 간직하고 있지도 않을 뿐만 아니라 서한西漢 이전의 모습을 보존하고 있지도 않은 것을 알 수 있다.

『논어』의 진위 문제에 대해서는 최술崔述의 『수사고신록洙泗考信錄』에서 자세하게 변증辨證하고 있다. 이하에서는 특히 '논어편장변의論語篇章辨疑'를 중심으로 고찰해보고자 한다. 『논어』의 뒤 5편은 「자장」편만이 의심할 것이 없으나(孔門弟子의 말만 기록함) 나머지 「계씨季氏」·「양화陽貨」·「미자微子」·「요왈堯曰」 4편 가운데는 역사적 사실, 공자의 사상 등 여러 가지 상황을 고려해 볼 때 의심할 만한 것이 많고, 전 15편 말에도 간혹 1, 2장이 의심할 만한 부분이 있다. 이제 이를 크게 일곱 가지로 분류해서 고찰한다.

1. 사실을 믿을 수 없는 것 6장 2절--

ㄱ. '子見南子章'(「옹야」), '季氏將伐顓臾章'(「계씨」), '公山弗擾章'(상동), '齊景公待孔子章'(「미자」), '齊人歸女樂章'(상동)

ㄴ. '堯曰, 咨爾舜에서 天祿永終'(「요왈」), '舜亦以命禹'(상동)

2. 사실에 의심할 만한 것이 있는 것 6장--

'孺悲欲見孔子章'(「양화」), '楚狂接輿章'(「미자」), '長沮桀溺耦而耕章'(상동), '子路從而後章'(상동), '陳亢問於伯魚章'(「계씨」), '太師摯適齊章'(「미자」)

3. 의리는 의심할 만한 것이 없으나 문체가 비슷하지 않은 것 9장--

'益者三友章', '益者三樂章', '侍於君子有三愆章', '君子有三戒章', '君子有三畏章', '君子有九思章'(이상 「계씨」), '由也女聞六言六蔽章', '古者民有三疾章'(이상 「양화」), '不知命章'(「요왈」)

4. 문체가 크게 의심할 만한 것 2장--

'子張問仁於孔子章'(「양화」), '子張問於孔子章'(「요왈」)

5. 문인이 공자 앞에서 부자夫子라 일컫고 일 또한 의심할 만한 것 2장--

'子路曾晳冉有公西華侍坐章'(「선진」), '子之武城章'(「양화」)

6. 조금 의심할 만한 것이 있으나 의리는 잃음이 없는 것 2장--

'予欲無言章', '君子亦有惡章'(이상 「양화」)

7. 사실은 의심할 만한 것이 없으나 편말에 있어서 편중의 글과 비슷하지 않고 혹은 빠진 것이 있는 것 5장--

'色斯擧矣章'(「향당」), '齊景公有馬千駟章', '邦君之妻章'(이상 「계씨」), '周公謂魯公章', '周有八士章'(이상 「미자」)

이상에서 살펴본 바와 같이 『논어』의 진위문제는 크게 사실, 의리, 문체, 용어 사용 또는 상하론上下論의 차이 등에 의해 고찰할 수 있다.

Ⅳ. 『논어論語』의 전승傳承 및 주석서注釋書

제론齊論을 전한 이로는 창읍중위昌邑中尉 왕길王吉, 소부少府 송기宋畸, 어사대부御史大夫 공우貢禹, 상서령尙書令 오록충종五鹿充宗, 교동膠東 용생庸生 등이며, 특히 왕길이 명가名家였다. 노론魯論을 전한 이로는 상산도위常山都尉 공분龔奮, 장신소부長信少府 하후승夏侯勝, 승상丞相 위현韋賢, 노魯 부경扶卿, 전장군前將軍 소망지蕭望之, 안창후安昌侯 장우張禹 등이 있는데, 다 명가이며 장씨본張氏本이 널리 세상에 통행되었다. 본래 장우는 노론을 전수받았으나 나중에 제론을 참조하여 장후론張侯論이라 불리우는 판본을 내기에 이르렀다.

그 뒤 주씨周氏 포씨包氏가 장후론에 장구章句를 만들고 마융馬融은 훈해訓解를 지었다. 그리고 고론古論은 공안국孔安國이 전傳을 지었다. 한말漢末에 정현鄭玄이 장후론을 본으로 하고 제론齊論 고론古論을 참고하여 주를 내었고, 위사공魏司空 진군陳群, 태상太常 왕숙王肅, 박사博士 주생열周生烈이 모두 「의설義說」을 지었고 이부상서吏部尙書 하안何晏이 『집해』集解를 지었다.

한대漢代 이후 『논어』를 주석한 자는 대략 1,100여 명 정도이다. 이를 대별하면 한학漢學과 송학宋學의 두 부류로 나눌 수 있다. 한학은 훈고訓詁를 위주로 하였고, 송학은 의리義理를 숭상하였다. 역대 『논어』 주석 중 대표적인 것은 하안何晏의 『논어집해論語集解』, 황간皇侃의 『논어의소論語義疏』, 형병邢昺의 『논어주소論語注疏』, 주자朱子의 『논어집주論語集注』, 유보남劉寶楠의 『논어정의論語正義』를 들 수 있다.

『집해』는 삼국시대 위魏의 하안何晏이 지었는데 때로 소루疏漏한 점이 있으나 한위제가漢魏諸家의 정수를 뽑은 것으로 공안국孔安國, 포함包咸, 주씨周氏, 마융馬融, 정현鄭玄, 진군陳群, 왕숙王肅, 주생열周生烈 등 8명의 설에 자기 설을 더한 것이다.

그리고 진晋, 송宋, 제齊, 양梁 시대의 『논어』 주석으로는 위관衛瓘의 『논어집주論語集注』, 곽상郭象의 『논어체략論語體略』, 최표崔豹의 『논어집의論語集義』, 이충李充의 『논어주論語注』, 손작孫綽의 『논어집해論語集解』, 왕필王弼의 『논어석의論語釋義』, 무파繆播의 『논어지서論語旨序』, 난조欒肇의 『논어석의論語釋疑』 등이 있다. 특히 양梁 황간皇侃의 『논어의소論語義疏』는 육조논어학六朝論語學을 집대성한 것으로 한위설漢魏說과는 다른 것이 많은데, 이는 현언불어玄言佛語를 많이 채록하였기 때문이다. 한 때 중국에서는 일실逸失되었었으나 청대淸代에 일본에서 구하여 오늘날 전해지게 되었다.

당대唐代에는 경학이 흥성하지 않아 대부분 구설舊說만 지키고 신의新義의 창출은 드물었다. 육덕명陸德明의 『경전석문經典釋文』, 한

유韓愈의 『논어필해論語筆解』 등이 있을 뿐이다.

송초宋初에 형병邢昺의 『논어주소論語注疏』가 나왔는데, 이는 주를 부연만하고 새로운 뜻은 적었으나 의리義理로써 해석하여 드디어 한학漢學에서 송학宋學으로 넘어가는 교량역할을 하여 송학의 단초를 열었다. 남송南宋의 주자는 이학理學의 정의精義를 『논어집주論語集注』에서 잘 드러냈는데, 송대이학宋代理學의 경서주석經書注釋을 대표할 만한 것이다. 『집주』는 정심精深하기는 하나 간혹 전인前人의 오류를 답습하고 보정補正하지 못한 것이 있으며, 지나치게 자가학설自家學說로 천착 해석한 점이 있다. 송원명대宋元明代의 『논어』 주석으로는 장식張栻의 『계사논어해癸巳論語解』, 진덕수眞德秀의 『논어집편論語集編』, 김이상金履祥의 『논어집주고증論語集注考證』, 조덕趙悳의 『논어전의論語箋義』, 호병문胡炳文의 『사서통四書通』(『論語通』), 호광胡廣의 『논어집주대전論語集注大全』, 진사원陳士元의 『논어류고論語類考』, 진상도陳祥道의 『논어전해論語全解』, 소철蘇轍의 『논어습유論語拾遺』, 채절蔡節의 『논이집실論語集說』, 유종주劉宗周의 『논어학안論語學案』 등이 있다.

청대淸代에는 박학樸學을 숭상하였는데 널리 옛 뜻을 상고하여 한학漢學이 다시 부흥하게 되었다. 대표적인 것이 유보남劉寶楠·유공면劉恭冕 부자父子의 『논어정의論語正義』이다. 이는 하안何晏의 『집해集解』에 주석을 가한 것으로 제가의 설을 모아 절충하여 이루어진 것으로 매우 해박하다. 특히 청유淸儒의 설을 많이 채록采錄하여 한학가漢學家가 주석한 『논어』의 집대성이라 이를 만하다. 또한 본문本文의 이동異同도 제본諸本을 널리 상고하여 득실을 변증하였으나 지나치게 쇄쇄한 것과 의리에 소홀한 것이 그 결점이라 할 수 있다.

청대에 한학계통漢學系統의 『논어』 주석으로는 모기령毛奇齡의 『논어계구편論語稽求篇』, 정정조程廷祚의 『논어설論語說』, 정진鄭珍의 『논어사질論語俟質』, 유태공劉台拱의 『논어병지論語駢枝』, 전점錢坫의 『논어후록論語後錄』, 방욱관方旭觀의 『논어우기論語偶記』, 송상봉宋翔鳳의 『논어설의論語說義』, 황식삼黃式三의 『논어후안論語後案』, 대망戴望의 『논어주論語注』, 초순焦循의 『논어보소論語補疏』, 염약거閻若璩의 『사서석지四書釋地』 등이 있다.

그리고 송학계통宋學系統의 주석으로는 이광지李光地의 『독논어차기讀論語箚記』, 여유량呂留良의 『논어강의論語講義』, 반연동潘衍桐의 『주자논어집주훈고고朱子論語集注訓詁考』, 양장거梁章鉅의 『논어방증論語旁證』, 육롱기陸隴其의 『사서강의곤면록四書講義困勉錄』, 『송양강의松陽講義』 등이 있다.

아울러 민국시기民國時期의 저술로는 왕개운王闓運의 『논어훈論語訓』, 간조량簡朝亮의 『논어집주보정술소論語集注補正述疏』, 최적崔適의 『논어족징기論語足徵記』, 섭덕휘葉德輝의 『논어천문본교감기論語天文本校勘記』, 양수달楊樹達의 『논어고의論語古義』, 『논어소증論語疏證』, 진한장陳漢章의 『논어징지록論語徵知錄』, 장병린章炳麟의 『광논어병지廣論語駢枝』, 정수덕程樹德의 『논어집석論語集釋』, 조정신趙貞信의 『논어변論語辨』 등이 있는 바, 이 중 『논어집석論語集釋』은 고금제가古今諸家의 주석을 총망라한 것으로 가히 『논어』 주석의 결정판이라고도 할 수 있다.

이상의 제 주석 중에서 가장 대표적인 것이 하안의 『논어집해』와 주자의 『논어집주』, 유보남의 『논어정의』인데, 세 가지는 각기 그 시대를 대표하는 저작으로서(위진 및 양한, 송명, 청) 각각의 특징을 최고最古(『집해』), 최정最精(『집주』), 최박最博(『정의』)으로 표현할 수 있다.

이 밖에 일본의 『논어』 관계 주석으로는 이토 진사이伊藤仁齋의 『논어고의論語古義』, 오규소라이荻生徂徠의 『논어징論語徵』, 다자이 순다이太宰春台의 『논어고훈외전論語古訓外傳』 및 오타긴죠太田錦成의 『논어대소論語大疏』 등을 들 수 있다.

V. 조선시대의 『논어』 연구

『논어』는 공자와 문하 제자들의 언행록이다. 유학에서 공자의 언행을 직접 접할 수 있는 거의 유일한 자료로서 특히 역대에 중요시되어 왔다. 우리나라에도 한자가 전래되면서부터 일찍이 전하여졌을 것이나 자료의 부족으로 『논어』가 우리나라에 전래된 시기는 명확하지 않다. 다만 일본 『고사기』 응신왕대(270-310)의 기록에 의하면 백제의 조고왕(근초고왕)이 보낸 화이길사(왕인)가 『논어』 10권과 『천자문』 1권을 가지고 왔다고 한 것으로 보아 늦어도 3세기 중엽 이전에는 『논어』가 우리나라에 전래된 것으로 보인다. 그리고 이때의 『논어』 판본은 아마도 한석경본漢石經本(10권)이거나 하안집해본何晏集解本(10권)일 것으로 추측된다.

신라의 신문왕神文王 2년(682) 여름 6월에는 국학을 설치했는데 『논어』가 필수였으며, 설총은 방언으로 9경을 읽어 후생을 훈도하였는데 당대唐代의 9경에는 『논어』가 반드시 포함되므로 이때부터 『논어』는 더욱 더 일반지식인에게 광범위하게 전파되어 습득하였음을 알 수 있다. 그리고 원성왕 4년(788)에는 독서출신과를 처음 정했는데 3품 중 상품과 중품에 모두 『논어』가 들어 있다. 이에 의해서 고찰해보건대 신라에서는 『논어』를 중시했음을 알 수 있다.

고려에서는 『논어』가 더욱 더 중시된다. 문종 10년(1056)에는 서경유수西京留守의 상주에 의해 여러 학원에 『논어』를 비롯한 여러 서적을 각각 한 부씩 인쇄하여 보내주었고, 같은 왕 17년(1063)에는 태자비각太子秘閣에 9경과 사전史傳, 백가서百家書를 하사하였다. 그리고 숙종 6년(1101)에는 9경, 사史, 자子 각 한 부를 대성臺省과 추밀원樞密院에 나누어 두도록 했으며, 예종이 동궁으로 있을 때 『논어』를 강독했는데 문성공文成公 김인존金仁存(? -1127)이 『논어신의』를 찬술하여 올렸다고 한다. 인종 때에는 학식을 정하였는데 『효경』과 『논어』는 반드시 각각의 경서(『주역』, 『상서』, 『주례』, 『예기』, 『모시』, 『춘추좌씨전』, 『공양전』, 『곡량전』)를 익히는 것과는 달리 반드시 겸통하여야 했으며, 가장 먼저 『효경』과 『논어』를 읽고 다음에 여러 경서를 읽으라고 정하고 있으며, 같은 왕 12년(1135)에는 『효경』과 『논어』를 여항의 어린 아이들에게까지 나누어 주었다. 여기서 『논어』가 일반 대중에게까지도 확대 보급되었음을 알 수 있다. 또 고종 9년에는 『논어』와 『효경』을 시험보아 합격한 자는 이부吏部에서 처음 벼슬을 주었다. 충목왕 즉위년 8월에는 과거에서 초장初場에 육경의六經義 사서의四書疑로써 시험 보게 하였다. 고려 말에는 안향(1243-1306)에 의해 주자학이 도입되고 제자인 권부權溥(1262-1346)는 주자의 『사서집주』의 간행을 건의하여 주자의 『논어집주』가 등장하게 된다. 특히 『사서』를 중시하는 주자학에 힘입어 『논어』는 더욱 중요한 경서로 인식되어 사대부의 필독교양서가 되었다.

조선시대에 들어와서는 성리학 이념을 바탕으로 한 유학이 국교가 되어 특히 주자의 『논어집주』가 더욱 더 널리 읽히게 되었다. 먼저 태조 원년(1392)에는 과거법을 확정하였는데 초장 시험에 『논어』가 들어 있는 바, 『논어』는 소과, 대과를 막론하고 필수로 시험하는 과목이었고, 이는 조선조가 거의 끝날 때까지(1894) 계속 되었다. 특히 송대 경학의 집대성이라고 볼 수 있는 『사서오경대전』과 『성리대전』이 세종 원년 기해 12월 정축(7일)(명 成祖 永樂 17年, 1419년)에 입수되어 이후 주자의 『논어집주』에 송원 여러 유학자의 설을 소주小注로 단 『논어집주대전』은 관의 주도에 의해 더욱 더 광범위하게 보급되었다. 그리고 세조 9년에는 예조에서 성균관의 구재학규九齋學規를 정하여 아뢰었는데 거기에 두 번째로 논어재論語齋가 들어 있다. 또 명종 원년에 경외학교절목京外學校節目을 반포하였는데 『논어』의 독서일수를 사삭四朔(네 달)으로 정하고 있으며, 정조 때 규장각의 시강지서試講之書에도 『논어』가 필수였다.

이렇게 『사서』를 중시하는 성리학적 풍토에 힘입어 『논어』도 선비의 가장 기본적인 필독교양서가 되었다. 따라서 이에 대한 연구도 적지 않게 나왔으나, 조선시대의 학문 경향은 성리학을 바탕으로 한 것이었고 그래서 『논어』의 해석에 있어서도 주자의 『논어집주』와 이에 송원 제유의 설을 더한 『논어집주대전』이 가장 기본적이고 보편적인 교재 겸 참고서로 절대적인 권위를 가지고 있었다. 결국 주자설에 대한 반대나 회의는 '사문난적'의 오명을 얻게 되므로 모든 『논어』 연구서도 『논어집주대전』의 범위를 거의 벗어나지 못했던 것이다.

이하에서는 역대의 『논어』주석(특히 조선시대를 중심으로 하여)에 대하여 『증보문헌비고』「예문고」, 『고선책보』, 『선책명제鮮冊名題』(이상 전간공작前間恭作), 『해동문헌총록海東文獻總錄』(김휴金烋), 『동국통지東國通志』(박주종朴周鍾), 『규장각도서목록』, 『한국경학자료집성』(논어편), 『잡저기설류기사색인雜著記說類記事索引』, 여러 고서목록 등을 참고하여 전문적인 저서를 중심으로 종합하여 정리해보도록 한다.

역대 『논어』 주석(조선시대를 중심으로)

(1) 주석서(논어류)

『논어신의論語新義』 김인존(고려)
『논어상설論語詳說』 필사본, 4권 4책, 김창협 저, 1719
『논어질서論語疾書』 2권 2책, 이익 저
『논어사변록論語思辨錄』 박세당 저
『논어집주상설論語集注詳說』 박문호 저
『논어찬요論語纂要』
『논어고금주論語古今注』 40권 13책 필사본, 정약용 저
『논어수차論語手箚』 3권 1책 필사본, 정약용 저

『논어』를 포함한 사서四書에 대한 주석서注釋書는 다음과 같다.

(2) 주석서(사서류)

『사서석의四書釋義』 1책, 이황 저, 1609
『사서질의四書質疑』 사본 1책, 이덕홍 저, 1666
『사서강설四書講說』 사본 4권 1책, 이재 저
『사서답문四書答問』(권2, 3) 4권 4책, 이유태 편
『경서변의經書辨疑』 7권, 김장생
『삼서집의三書輯義』 2권, 권상하
『경서해의經書解義』 홍여하 저

『사서토석四書吐釋』 윤근수 저
『경서강의經書講義』 42권
『사서곤득록四書困得錄』(『논맹천설論孟淺說』 6권) 조익 찬
『사서찬주증보四書纂註增補』 유장원 저
『동유사서해집평東儒四書解集評』 유건휴 저
『육서부록六書附錄』 2권, 유심춘 저
『오서고금주소강의합찬五書古今註疏講義合纂』 최좌해 저
『경서강해經書講解』
『교정경서훈해校正經書訓解』 선조조명유신宣祖朝命儒臣 교정
『경서음해經書音解』 세종조설국유신世宗朝設局儒臣 찬차撰次

편저와 언해서는 다음과 같다.

(3) 편저

『논맹문의통고論孟問義通攷』 14권 10책 송시열 편, 1600(현종 1)
『논맹혹문정의절약論語或問精義節約』 4권, 박손경 저
『논맹인물유취論孟人物類聚』 순조조유신純祖朝儒臣 찬

(4) 언해

『논어언해論語諺解』 4권 4책, 1588(선조 18)
『논어율곡언해論語栗谷諺解』 4권 4책, 1749(영조 25)
『논어대문구결論語大文口訣』
『사서발범구결四書發凡口訣』, 홍여하 저

*일반적인 서지사항과 쉽게 구할 수 있는 책의 출전은 생략함

이 밖에 『논어』와 관계있는 저술은 『구인록求仁錄』(이언적), 『수사언인록洙泗言仁錄』(정구 저), 『공문언인록孔門言仁錄』(권춘란 저), 『인지편仁智篇』, 『학안록學顔錄』 1권(박길응 저) 등이 있다.

이상의 서목에서 알 수 있듯이 『논어』는 조선조 500년 동안 수많은 선비들이 읽고 연구하였지만 정작 이에 대한 주석서는 극히 희소하다. 그나마 기타 경서와 함께 주석한 것이 대부분이고 『논어』만의 전문적인 저서는 더 더욱 적다. 물론 각 문집의 잡저 부분에 들어있는 논어설까지 합하면 이보다는 좀 나아지겠으나 그것은 극히 단편적인 서술이라서 어느 학자의 『논어』에 대한 체계적인 사상의 전모를 살피기에는 부족하다. 그리고 비록 주석이 있다 하더라도 주자설이나 『논어집주대전』의 테두리를 벗어나지 못하는 것이 대부분이다. (특히 『논어집주상설』이 대표적이다. 이에 비해 『오서고금주소강의합찬(논어)』은 주자설을 그대로 묵수하지만은 않고 있다)

이와 같은 이유에 대해서는 여러 가지로 생각해볼 수 있겠지만 대략 다음과 같이 두 가지로 생각해 볼 수 있다. 첫째는 조선시대에는 선비의 실천을 크게 강조하였다는 점이다. 이는 바로 공문교학孔門敎學의 원의이기도 하지만 조선 초기의 유학자들에게서 특히 이러한 성향을 볼 수 있다.(예를 들면 김굉필이 평생 『소학』을 애독하면서 소학동자로 자처한 것 등) 둘째는 특히 조선왕조는 주자학을 치국이념으로 설정하고 그 당시의 학문은 주자학 일변도이어서 주자를 공자 이후의 대현인으로 추앙하여 그의 주석을 금과옥조처럼 여겼다. 따라서 당시의 학문성향은 주자가 이미 주석을 다 해놓았기 때문에 더 이상 주석할 필요를 느끼지 않았다는 점이다.(다산의 처음 생각도 이와 동일했었다) 뿐만 아니라, 그나마 주석서도 주자학의 틀을 크게 벗어나지 않은 범위에서 저술되었던 것이다. 심지어는 당시에 사문난적으로까지 몰렸던 서계 박세당의 경우도 『논어사변록』에서 비록 해석은 주자와 차이가 있을지라도 분장 분절은 주자의 『논어집주』를 그대로 답습하고 있다.

이런 시대상황에서 고금의 주소를 집대성하고 비판적으로 취사선택하였으며 자신의 독자적인 설을 175칙의 원의총괄原義總括로 제시한 다산 정약용의 『논어고금주論語古今注』는 실로 당시 조선사회는 물론 한자문화권에 있어서 유일무이한 박이정博而精한 대표적인 저술이라 할 것이다.

참고문헌

하안, 『논어집해』(『논어주소』본), 북경대학출판사, 1999
황간, 『논어의소』, 중화서국, 2014
형병, 『논어주소』, 북경대학출판사, 1999
주자, 『논어집주』(『사서장구집주』본), 중화서국, 1983
호광 등, 『경서』, 성균관대학교 대동문화연구원, 1965
주자, 성백효역, 『논어집주』, 전통문화연구회, 2008
정수덕, 『논어집석』 1-4책, 중화서국, 1990
박세당, 『논어사변록』, 민족문화추진회, 1976
정약용, 『논어고금주』(신조선사본), 여강출판사, 1985
정약용, 『논어고금주』(규장각 필사본), 13책
정약용, 이지형역, 『논어고금주』(1-5), 사암, 2010
이등유정, 『논어고의』, 명치 42간본
적생쌍송, 『논어징』, 무강서림간본
태재순, 『논어고훈외전』, 연형 2년(1746), 숭산방간 목판본

증수경, 『논어고주집고』, 학해출판사, 민국 80
진여훈, 『논어이해변정』, 문진출판사, 민국 75
금곡치, 『논어』, 암파서점, 2005
목촌영일, 『논어』, 강담사, 1994
패총무수, 『논어』(2), 중앙공론사, 2003
하촌호인, 『논어』, 현암사, 2007
교정청, 『사서언해』, 보경문화사, 1985
이이, 『사서율곡언해』, 성균관대학교양현재, 1976
김영호 역주, 『논어』-공자와의 대화-, 산지니, 2012

호광 등, 김석진역, 『주역전의대전』, 대유, 2007
김인환, 『주역』, 고려대학교출판부, 2010
김기현, 『주역, 우리 삶을 말하다』(상하), 민음사, 2016
이정호, 『주역정의』, 아세아문화사, 1980

왕숙, 『공자가어』(한문대계본), 부산방, 1972
이민수역, 『공자가어』, 을유문화사, 2003
등원정교역, 『공자가어교정』, 암파문고, 2007
소천환수외역, 『사기』(세가,열전), 암파서점, 1991
정범진외역, 『사기』(세가, 열전), 까치, 2008
육덕명, 『경전석문』, 상해고적출판사, 1985

김영호, 『다산 논어해석연구』, 심산, 2003
김영호, 『논어의 주석과 해석학』, 문사철, 2010
김영호, 『조선시대 논어해석 연구』, 심산, 2011
김영호외, 『논어의 종합적 고찰』, 심산, 2003
김영호, 「논어 오십학역장 해석의 검토-특히 『정역』적 해석과 관련하여-」, 유교사상문화연구 57집, 2014
김영호, 「논어 안연문인장 변석」, 한국철학논집 44집, 2015
김영호교수의 논어학교, http://blog.naver.com/ryuam0906

김영호 金暎鎬

성균관대학교 유학과를 졸업하고 같은 학교 대학원 동양철학과의 석사 및 박사과정을 마쳤다(철학박사). 성균관대학교, 한양대학교, 동덕여자대학교 등에서 강의하였다. 중국 산동사범대학 한국어과 교수, 중국사회과학원 철학연구소 방문학자를 지내고 한국고전번역원 연수부와 연구부에서 한학을 공부하였다.
현재 영산대학교 교수로 재직 중이다.

저서로는『다산의 논어해석 연구』,『논어의 주석과 해석학』,『조선시대 논어해석 연구』,『老洲 吳熙常 家學 研究』,『공자, 논어를 말하다』(공저) 등이 있으며 역서로는『논어』-공자와의 대화- 등이 있다.

논어, 주역과 함께 읽다

초판 1쇄 발행 _ 2017년 12월 30일

역　　주 · 김 영 호
발 행 인 · 정 현 걸
발　　행 · 신 아 사
인　　쇄 · 토탈프로세스
출판등록 · 1956년 1월 5일 (제9-52호)
주　　소 · 서울시 은평구 통일로 59길 4(2F)
전　　화 · 02)382-6411 · 팩스 02)382-6401
홈페이지 · www.shinasa.co.kr
E-MAIL · shinasa@daum.net

ISBN 978-89-8396-251-5(93820)

정가 13,000원